SPANISH 133.4 R254h
Hechizos para la prosperidad
:consejos magicos para lograr fortuna! /
RavenWolf, Silver,

WITHDRAWN

P9-AGV-858

Hechizos para la
Prosperidad

SILVER RAVENWOLF

Hechizos para la
Prosperidad

*¡Consejos mágicos
para lograr fortuna!*

EDICIONES OBELISCO

Si este libro le ha interesado y desea que le mantengamos informado de nuestras publicaciones, escríbanos indicándonos qué temas son de su interés (Astrología, Autoayuda, Ciencias Ocultas, Artes Marciales, Naturismo, Espiritualidad, Tradición...) y gustosamente le complaceremos.

Puede consultar nuestro catálogo en www.edicionesobelisco.com

Colección Magia y ocultismo
HECHIZOS PARA LA PROSPERIDAD
Silver RavenWolf

1.ª edición: junio de 2013

Maquetación: *Montse Martín*
Corrección: *Sara Moreno*
Diseño de cubierta: *Enrique Iborra*
Ilustraciones: *Shelly Bartek* (excepto las páginas 27 y 139,
creadas por el Dpto. de Arte de Llewellyn).
Traducción: *Héctor Ramírez* y *Edgar Rojas*

© 2000, Silver RavenWolf
(Reservados todos los derechos)
Publicado por acuerdo con Llewellyn Publications,
Woodbury, MN 55125, USA www.llewellyn.com
© 2013, Ediciones Obelisco S. L.
(Reservados los derechos para la presente edición)

Edita: Ediciones Obelisco S. L.
Pere IV, 78 (Edif. Pedro IV) 3.ª planta 5.ª puerta
08005 Barcelona-España
Tel. 93 309 85 25 - Fax 93 309 85 23
E-mail: info@edicionesobelisco.com

Paracas, 59 C1275AFA Buenos Aires - Argentina
Tel. (541 -14) 305 06 33 - Fax (541 -14) 304 78 20

ISBN: 978-84-9777-958-6
Depósito Legal: B-11.615-2013

Printed in Spain

Impreso en España en los talleres de Novoprint
c/ Energía, 53, St. Andreu de la Barca, 08740 Barcelona

Reservados todos los derechos. Ninguna parte de esta publicación, incluido el diseño de la cubierta, puede ser reproducida, almacenada, transmitida o utilizada en manera alguna por ningún medio, ya sea electrónico, químico, mecánico, óptico, de grabación o electrográfico, sin el previo consentimiento por escrito del editor. Diríjase a CEDRO (Centro Español de Derechos Reprográficos, www.cedro.org) si necesita fotocopiar o escanear algún fragmento de esta obra.

No le tenga miedo al cambio.
¡Acepte la oportunidad de cambiar!

Este libro es para aquellos que siempre han estado preocupados por cosas como el pago de facturas, aquellos que se han sentido culpables por haber comprado alguna cosa innecesaria o para los que dicen «no me puedo dar ese gusto».

Existe otra forma de pensar y de sentir en relación con sus finanzas y con su habilidad para generar bienestar y riqueza en su vida. El dinero es sólo energía y la energía del universo es un recurso ilimitado desde el cual podemos conseguir abundancia física y espiritual. La clave para la vida próspera consiste en su voluntad para demostrar cambio.

Hechizos para la prosperidad le recuerda que ya tiene el poder para cambiar las cosas y le ofrece varios trucos para desterrar la pobreza y abrirle las puertas a la abundancia personal.

Este libro está dedicado a:
Aquellas personas que están tan arruinadas
que tienen que excavar entre los cojines
del sofá para encontrar monedas.

1
¡En sus marcas!
¡Listos!

¡Venga y disfrute de la diversión! Aquí tengo toda una gama de cosas para usted. Tengo ideas acerca de cómo disfrutar de la prosperidad, cómo desterrar esas terribles y antiguas deudas sin ningún tipo de remordimiento, cómo recuperar ese dinero que le adeudan, cómo trasformar su flujo de dinero en una forma positiva y mucho más. También se puede encontrar información histórica y práctica sobre elementos e ingredientes para llevar a cabo los hechizos. ¡Es muy divertido aprender y, por su puesto, hechizar también!

Bienvenidos a mi mundo, un universo de abundancia en el cual es usted quien lleva la prosperidad a su trabajo en vez de que su trabajo se la lleve a usted.

Los hechizos que aparecen en este libro representan mi propio viaje desde la pobreza hacia la abundancia, de una manera práctica y mágica. ¡No se trata de una broma! Justo en este momento, usted tiene en sus manos el mismo plan que yo utilicé para generar la prosperidad en mi vida.

Ya percibo que está muy ansioso por aprender los hechizos, pero, tómese un instante para leer con mucho detenimiento este capítulo, puesto que aquí se encuentra la información que le servirá para pulir o desarrollar su destreza para los trabajos con hechizos. No le tomará mucho tiempo, lo prometo.

El primer paso para vivir una vida próspera consiste en su disposición para poner en práctica su derecho para retomar el poder. En el momento en el que usted *reconozca* que tiene el poder para cambiar las cosas mientras se divierte, se le van a abrir las puertas a su prosperidad personal. Precisamente, prosperidad quiere decir tener el mejor momento de su vida.

La magia de la prosperidad se relaciona con su estado mental. En la magia de la prosperidad, si usted se considera una persona pobre, entonces *será* pobre. Lo mismo ocurre con la magia del amor y la salud, pero, por alguna razón, muchas personas no pueden creer que tan sólo con el hecho de *considerarse* de tal o cual manera en su aspecto financiero, de esa misma manera se van a ver cuando sus presupuestos se conviertan en dólares o en centavos. Cuando empecé a prestarle atención al dinero, al observar su energía más que fijarme en el papel impreso o en el metal acuñado en relieve, me di cuenta de una verdad simple e impactante: el dinero es sólo energía. ¡El misterio del dinero se desvaneció inmediatamente!

Usted es, en este momento, una persona próspera. Tan sólo tiene que aceptar esa realidad.

Equilibrio

Todos los rituales y trabajos con la magia liberan energías, ya sea para empujar o para atraer la vida hacia el equilibrio. Recientemente una de mis estudiantes, vamos a llamarla Heather, llevó a cabo un truco mágico para obtener prosperidad. A medida que se aproximaba hacia la consecución de su objetivo, dijo: «Creo que es maravilloso que la Diosa cambie todas las cosas que toca, pero me gustaría que retirara sus manos por algún tiempo, al menos hasta que yo alcance algo de equilibrio». Entonces Heather sonrió y dijo, «No me había dado cuenta de que mi vida estaba tan desequilibrada, pero vaya sorpresa, ¡sí que valió la pena!». Una semana más tarde, estaba disfrutando de la casa que siempre había deseado. ¿Cuánto tiempo le llevó a Heather alcanzar su meta, desde que empezó hasta que lo logró? Seis semanas. Por supuesto que el hecho de conseguir una casa es solamente un aspecto del trabajo de prosperidad de Heather (uno bastante grande, por cierto). Ella había conseguido otros éxitos de menor envergadura durante su trascurso por la magia; inclusive algunas realizaciones sorprendentes acerca de ella misma, de su misión en la vida y de cómo se adaptó a la naturaleza general de las cosas. La casa había sido solamente un beneficio material.

¿Acaso significa esto que van a suceder cosas espeluznantes? No. Justamente esto quiere decir que a partir del momento en que usted empiece a trabajar de una manera seria y responsable con la magia de la prosperidad, las cosas van a ser diferentes.

Correspondencias

La mayoría de las aplicaciones mágicas tienen correspondencias. Las correspondencias son elementos o energías que se relacionan con la esencia del asunto que se esté trabajando. En este libro, nuestro enfoque es el tema de la prosperidad. A través de todo el libro he dispuesto diferentes correspondencias para cada uno de los hechizos. También he incluido unas pequeñas listas en los apéndices para que sean utilizadas en las situaciones que requieran sustituciones, en la medida en que vaya aprendiendo a escribir sus propios hechizos.

Las correspondencias incluyen: horas planetarias, divinidades, hierbas, aceites, planetas, animales protectores, alfabeto mágico, fases de la Luna, colores y elementos. Tenga bien presente que no es necesario utilizar la totalidad de las correspondencias que aparecen mencionadas aquí en cada uno de los hechizos. Si usted no está dentro de la categoría de los ángeles, entonces no vaya a usar las listas a las cuales nos estamos refiriendo. Si a usted no le llama la atención utilizar, en particular, las energías de los planetas, pues simplemente no las use. Está permitido realizar sustituciones. Sencillamente estoy dando a conocer una gran variedad de posibilidades que a mí me han funcionado bien.

Medir el tiempo

¿Cuánto tiempo se demora en manifestarse su hechizo?

- Los objetivos menores normalmente (aunque no siempre) se manifiestan más rápidamente que los objetivos de orden superior, generalmente en unos treinta días (o entre un cambio de luna y otro).

- Los objetivos de orden superior (comprar una casa o un auto, ampliar su trayectoria profesional) pueden demorarse un poco más de tiempo. Por ejemplo, un grupo de personas que se sometieron a un estudio y usaron el material proporcionado en este libro, convirtieron en realidad sus objetivos a través del trabajo frecuente de diferentes hechizos (a esto se le denomina «construcción») y obtuvieron los siguientes beneficios:

  Angela—casa—6 semanas

  George—casa—4 semanas

  Sheila—casa—6 meses

  Linda—publicó su libro—3 meses

  Pat—ascendió en el trabajo—2 meses

  Harry—superó sus hábitos de malgastar—5 meses

- Los antiguos maestros decían: «Ejecute un hechizo y después olvídese de él». Lo que ellos querían decir es que se realice el hechizo, pero que después no se vuelva a preocupar por él. Alimentar pensamientos negativos en sus trabajos de hechizos anulará sus propósitos. Si usted se preocupa por la manifestación del hechizo, entonces crea obstáculos en el camino de la manifestación y se va a demorar más tiempo que se lleven a cabo las cosas que tienen que realizarse. La magia sigue el camino de la mínima resistencia, de manera que, a menos que tenga una razón para conducir la magia a través de una línea particular de pensamiento, solamente deje que la magia siga su camino.

- No intente controlar su hechizo demasiado. Supongamos que necesita dinero, pero ha trabajado de muchas y diferentes maneras dentro del mundo común y corriente y no ha conseguido resultados satisfactorios. Ahora desea ejecutar magia. Si cree que la única manera posible de que el dinero llegue hasta usted es a través de los métodos convencionales que ya ha intentado, entonces fracasará. Déjele libre el camino del dinero al Espíritu o a la Divinidad. Mientras tanto debe continuar trabajando normalmente en el «mundo real» para ayudar a que sus deseos también se hagan realidad.

- Tenga en cuenta que su propia creatividad y sus necesidades influyen de manera importante sobre el trabajo de los hechizos. Si hoy es domingo y el hechizo exige para completarse que sea lunes, pero usted necesita, urgentemente, realizar hoy mismo el hechizo, entonces no se detenga y hágalo hoy mismo. Si el hechizo se invoca para que otorgue alguna cosa que no tiene, pues no hay ningún inconveniente. Recuerde que está permitido hacer algunas modificaciones.

Aprender a trazar un plan espiritual

Aplicarle la magia a un problema o a la realización de una meta no se constituye por sí solo en la solución definitiva a nuestros problemas. Las personas mágicas piensan muy cuidadosamente antes de escoger una técnica mágica o un hechizo. Es necesario considerar un plan de acción completo, del cual, la magia se convierte en apenas una parte. Si bien es cierto que un hechizo puede demorarse tan sólo unos cuantos minutos para ejecutarse y una petición tan sólo uno o dos instantes para expresarse, si no existe un plan espiritual completo, usted podría estar arrojando copos de nieve en un incendio. Un plan espiritual completo incluye:

- Pensamiento lógico alrededor del objetivo o situación.
- Considerar de qué manera sus acciones, tanto las mágicas como las mundanas, incidirán sobre los buenos resultados del trabajo para alcanzar el objetivo, para cambiar la situación o sobre las demás personas.
- Construir un mecanismo positivo a su alrededor.
- Reprogramar su mente para aceptar el éxito a través del pensamiento, la palabra y la acción.
- Involucrar a la Divinidad tanto como le sea posible en cada una de las cosas que haga.

Sé que todo esto parece un poco complicado para algo tan sencillo como un hechizo, pero si aprendemos a planificar tendremos mayores posibilidades de alcanzar el éxito. Muchos de los hechizos contemplados en este libro se pueden juntar con el fin de ayudarle a diseñar un plan espiritual.

Por qué la magia no siempre funciona

Todos los individuos que tienen inclinaciones hacia la magia han experimentado (estremézcanse) el fracaso. A través del fracaso aprendemos y crecemos. No crea que por el simple hecho de que usted desee algo con todas sus fuerzas, todas las cosas le van a salir como quisiera. Recuerde, *la magia sigue el camino de la mínima resistencia* y, si no somos cuidadosos y lo suficientemente específicos con nuestras peticiones, podríamos llegar a conseguir como resultado el fracaso.

A veces el Espíritu sabe mejor de lo que lo sabríamos nosotros qué cosas nos van a favorecer. Siempre les he dicho a mis estudiantes (y a mis hijos) que si su magia no les funciona, o que si su plan espiritual fracasa, no deben perder la confianza en sí mismos. El Espíritu sabe lo que usted necesita y lo que no necesita y, a veces, cuando menos se lo espere, el Espíritu intervendrá e interrumpirá su trabajo de una manera brusca. En algunas ocasiones, él lo hace para protegernos; en otras ocasiones el Espíritu sabe que tenemos misiones mucho más relevantes, objetivos superiores y actividades más importantes que deberíamos estar realizando.

Les he enseñado a mis niños a pedirle al Espíritu, durante un trabajo de magia, «que permita que suceda lo mejor para mí». De esta manera, usted le permite al Espíritu que le ayude a guiarlo en sus trabajos y en sus realizaciones.

El lado oscuro
–Las personas mágicas no van allá–

La prosperidad obtenida a partir del hurto, de las drogas, de los asesinatos, de la estafa o de cualquier otra clase de fuente inmoral o ilegal se denomina dinero contaminado. El dinero contaminado conlleva energía negativa, la cual puede afectar su prosperidad en general. Si un amigo suyo le ofrece un ordenador «de origen dudoso», usted se está inclinando hacia el camino de las circunstancias negativas, lo cual puede que no lo note de manera inmediata. Esa negatividad podría afectarlo dañinamente en el aspecto de su vida que menos se imagina. Es posible que el ordenador le funcione muy bien, pero su vida amorosa se perjudicará; o lo que puede resultar aún peor, usted podría enfermarse.

Dispóngase para la abundancia

No tema abrir sus brazos y aceptar la abundancia del mundo que lo rodea. Estoy completamente convencida de que el Espíritu no ha enviado a nadie aquí para que sea infeliz o para que viva sufriendo por causa de la pobreza. Creo firmemente que tenemos diversas misiones por cumplir. Puede que tengamos éxito o puede que fracasemos. A propósito de todo esto, pienso sinceramente que el Espíritu desea que usted disfrute, tanto como le sea posible, su estadía en este planeta. ¡No existe ninguna razón que le impida hacer un buen trabajo para las demás personas y ser feliz también! Permítame susurrarle algo, si usted no tiene ningún inconveniente:

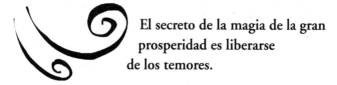

El secreto de la magia de la gran prosperidad es liberarse de los temores.

Cómo usar este libro

He dividido la magia de la prosperidad en dos secciones: alcanzar la abundancia y desterrar la pobreza. Usted puede empezar con la primera parte del libro y trabajar con todos los hechizos de la abundancia y, después, abordar la parte que se refiere al destierro de la pobreza; o puede darle la vuelta al libro y cogerlo de atrás hacia adelante, haciendo coincidir su trabajo con las fases de la Luna. La decisión es suya. También puede, si quiere, seleccionar aquellos hechizos que le gustaría que se ejecutaran por sí mismos, o puede trabajarlos tal como se presentan en el libro, creando así su propio plan mágico, espiritual y práctico. Está totalmente a su disposición.

2
¡Adelante!
Generando abundancia

Usted probablemente haya fantaseado con ideas del subconsciente acerca de su estado financiero y prosperidad en general durante varios meses antes de enfrentarse a este libro. Mientras leía el primer capítulo, su subconsciente se movía hacia adelante, preparándose para crear abundancia en su vida. Es hora de dar ese paso final manifestando abundancia positiva. Los siguientes hechizos se pueden realizar desde luna nueva (el tiempo de inicio) hasta creciente (tiempo de crecimiento), aunque algunos, como el de Devoción a la Prosperidad, se pueden hacer todos los días del mes, independientemente de la fase de lunar. Se puede usar solamente uno o dos hechizos o puede comenzar desde este capítulo y trabajar hasta el final, empleando todos los hechizos. ¡Es su decisión! Cualquier hechizo se puede hacer en luna llena, ya que simboliza los dones de los dioses y un tiempo para la introspección y el poder.

Al final de cada hechizo encontrará una sección titulada «Magnificando este hechizo». Son simples sugerencias que pueden interesarle a los más experimentados practi-

cantes de magia, pero los prin-
cipiantes querrán también
ensayar ideas con sus primeros trucos mágicos.

Estos hechizos se han dise-
ñado para atraer energías o elemen-
tos específicos hacia usted. Antes de realizar el
hechizo, piense cuidadosamente qué es lo que realmente
quiere y una vez lo haya decidido ¡hágalo!

Devoción a la prosperidad

En magia y espiritualidad, una devoción es una simple
oración o meditación hecha cada día con el fin de ponerlo
en un estado mental positivo mientras se conecta al Espíritu. Algunas veces nos preocupamos tanto por el dinero
que creamos circunstancias negativas en nuestras finanzas
mucho antes de que realmente lleguen a nuestra cuenta bancaria. Mi primer paso hacia el bienestar financiero
comenzó cuando escribí esta devoción especial, la cual se
reza todas las mañanas y noches con el fin de crear sentimientos positivos de mí mismo y mis finanzas.

Elementos necesarios: Su cerebro.

Instrucciones: Siéntese cuidadosamente en un área sin in-
terrupciones. Cierre los ojos. Respire profundamente tres
veces y empiece a decir (mentalmente o en voz alta):

En este momento no hay ayer. En este momento no hay mañana. En este momento sólo hay un hoy. Diosa de la abundancia, venga hacia mí, venga hacia mí.

Respire profundamente otra vez y repita la ultima línea hasta que se sienta relajado. Diga:

Tengo ropa sobre mi cuerpo, comida para alimentarme y un lugar donde refugiarme. Diosa de la abundancia, venga hacia mí, venga hacia mí.

Continúe repitiendo la ultima línea hasta que se sienta bien relajado –hasta que la realización de lo que está diciendo sea cierta–. (¿Qué ocurre si no es cierto? Dígalo de todas maneras. Expresarse y pensar en cosas que quiere manifestar en el presente es una antigua técnica mágica que le ayuda a hacer realidad sus deseos). Visualice las cosas que *tiene* para solidificar sus palabras.

Respire profundamente otras tres veces y diga:

Estoy perfectamente bien. Diosa de la abundancia, venga a mí, venga a mí.

Repita la ultima línea hasta que alcance mayor relajación. Ahora imagínese tan fuerte como un árbol, con sus raíces profundas en la madre Tierra y sus ramas y hojas alcanzando el padre Sol. Si quiere, levante sus brazos para que ayude a su visualización. Permítase ser parte de Dios y de la energía de los dioses en el universo. Déjese llevar y sienta la euforia. Diga:

> Yo estoy con el universo, y el universo me ayudará en todos los caminos. Diosa de abundancia, venga a mí, venga a mí.

Repita estas líneas hasta que se sienta lleno de una calma interna. Abra los ojos y diga:

> En este momento no hay ayer, no hay mañana, sólo hay un hoy. Tengo ropa sobre mi cuerpo, comida para alimentarme y un lugar donde refugiarme. Estoy perfectamente bien. Yo estoy con el universo y el universo me ayudará en todos los caminos. Diosa de abundancia, venga hacia mí, venga hacia mí. En cuanto lo digo se hace cierto. Entonces ¡que así sea!

Tome sus manos, sosténgalas enfrente de usted y diga: «**En paz**». Muévalas a la derecha y diga: «**En armonía**». Muévalas a la izquierda y diga: «**En verdad**». Llévelas hacia su pecho y diga:

> En amor. Que el Señor y la Señora derramen sus bendiciones sobre mí. Soy la fuente de mi abundancia. Entonces, ¡que así sea!

Si preocupaciones financieras lo deprimen durante el día, vaya a un lugar calmado y repita la afirmación anterior.

Magnificando este hechizo:
- Comience en luna nueva y hágalo todos los días hasta la luna llena siguiente.
- Empiece cuando la Luna entra en el signo Aries (ya que es un tiempo para inicios espirituales).
- Para buscar una nueva dirección, hágalo cuando la Luna está en la mitad de Aries (no más, porque las influencias de Tauro lo pueden llevar al egoísmo).
- Comience el domingo a la hora del Sol.[1]
- Realícelo en Beltaine (1 de mayo) a la salida del Sol.

Hechizo elemental de abundancia

Cada estanque, arroyo, montaña, lago, roca, cometa, pozo, estrella, flor, hierba y así sucesivamente, tienen su propia vibración de energía al igual que la gente y los animales. Las vibraciones se unen para crear un inconsciente colectivo. En el mundo elemental, estas energías colectivas se conocen como silfos (aire), gnomos (tierra), salamandras (fuego) y ondinas (agua).

Al repasar la historia se encuentra que casi todas las culturas y civilizaciones veían la tierra, el aire, el agua y

---

1. Si nunca antes ha usado horas planetarias, no se preocupe. Hay una explicación completa en el apéndice 3.

el fuego como los cuatros elementos, creencia primaria seguida por los sumerios.

Los gnomos, salamandras, silfos y ondinas se consideraban superhumanos por naturaleza, nacidos de los cuatro ríos que fluyen desde las entrañas de la gran madre y representan los cuatro fluidos del femenino divino: agua, sangre, miel y leche correspondientes al agua, fuego, aire y tierra respectivamente. Usando esta información he creado el siguiente hechizo elemental de abundancia.

Elementos necesarios: Cuatro vasijas pequeñas. Llene una con agua, una con la hierba de sangre de dragón (puede sustituirlo con polvo rojo o pimienta roja), otra con leche y la otra con miel; una foto suya.

Instrucciones: Al mediodía (cuando el sol esté más ardiente) salga y dibuje un pentáculo[2] con su dedo en el suelo, arena o nieve.

En la parte superior de la estrella, coloque una representación suya (la foto). En el sentido de las manecillas del reloj, coloque las vasijas en el siguiente orden: el brazo derecho del pentáculo hacia el Este; aire; miel. El brazo inferior derecho hacia el Sur; fuego; sangre de dragón. El brazo inferior izquierdo hacia el Oeste; agua. Y el brazo

---

2.   Los cinco brazos representan la tierra, el aire, el fuego, el agua y la inteligencia del ser humano (parte superior), rodeado por el espíritu de Dios.

superior izquierdo hacia el Norte; tierra; leche. Cuando vaya diciendo las siguientes palabras, toque con sus manos la punta que contiene el elemento correspondiente:

Espíritu mío, invoco prosperidad hacia mí. Espíritus
del Norte, por mi deseo y voluntad invoco
las bendiciones de los gnomos.
Espíritus del Este, por mi deseo y voluntad, invoco
las bendiciones de los silfos.
Espíritus del Sur, por mi deseo y voluntad invoco
las bendiciones de las salamandras.
Espíritus del Oeste, por mi deseo y voluntad invoco
las bendiciones de las ondinas.
Espíritus de la fuerza vital, los cuales me impulsan
y me rodean, les pido abundancia positiva y
prosperidad en mi vida. Mis opciones
y posibilidades se expanden cada día.

Pentáculo

Toque nuevamente cada punta diciendo:

> **Leche, agua, sangre y miel** *(repita diez veces),*
> **elimine todo el negativismo de mi cuerpo**
> **y mi alma.**

Observe que usted movió sus manos en el sentido de las manecillas del reloj, y luego diga:

> **Miel, sangre, agua y leche** *(siete veces),* **que mis**
> **opciones y posibilidades se expandan cada día.**
> **Sin perjudicar a ninguno, ¡que así sea!**

Deje su ofrecimiento así y haga la siguiente afirmación:

> **De este día en adelante, la abundancia positiva**
> **y la prosperidad fluirán en mi vida.**
> **Que mis sueños se hagan realidad.**

Magnificando este hechizo:
- Hágalo un domingo a la hora del Sol o a la hora de Júpiter.
- Hágalo en luna nueva o creciente.
- Realícelo cuando la Luna esté en la última mitad de Leo, un buen momento para magnificar las ambiciones personales.
- Ubíquese cerca de su jardín o su área favorita del patio.
- Realícelo al anochecer o en la madrugada en mitad de verano o Lammas.

Abundancia a partir del agua

Durante siglos los humanos han asociado los ríos y océanos de este planeta con una caldera de abundancia. La magia del agua es un increíble y potente medio y los peces y mamíferos que nadan en sus profundas corrientes llevan la esencia de la fuerza vital. Los antiguos místicos creían que el agua era el elemento primario sobre los otros tres (aire, tierra y fuego), puesto que ésta surgió primero de la gran madre. El concepto de las aguas de la vida han pasado de mito en mito y una leyenda nos cuenta que la diosa Ishtar llevó el agua de la vida al mundo subterráneo para devolverle la vida a Tammuz, guardándolo con las leyendas del origen de la diosa. Ishtar es una diosa fuerte con correspondencias con el amor, la sexualidad, la guerra, la creación, la protección, la salud y la justicia, así como también es la supervisora del cielo y el infierno. Ishtar era vista como una diosa benévola (la madre de todos los humanos) y una diosa de energía vibrante (una diosa guerrera que hacía que los otros dioses temblaran a sus pies, por lo cual se ganó la descripción de «vestida de terror»). No es una diosa para invocar en falso. Ella concede vidas, generosas cosechas, prosperidad y salud. Su correspondencia planetaria es Venus. Ishtar es una diosa de sucesión ya que puede despojarse de sus posesiones universales y poderes mágicos como autosacrificio por el bien de otro. Y como muchas de las historias de sucesión, ella retorna más poderosa que antes.

En este hechizo se atrapará la energía de Ishtar para crear abundancia positiva y sanar sus preocupaciones financieras, usando el agua sagrada. A Ishtar la llamaban «la luz del mundo». Muchas de las adulaciones litúrgicas dirigidas a Dios en el Antiguo Testamento de la Biblia eran directamente plagiadas de las oraciones babilónicas creadas por Ishtar.[3] Por lo tanto, si prefiere usar salmos en sus aplicaciones mágicas, no se sienta culpable por cambiar «él es» por «ella es».

La representación del pez en este hechizo es símbolo mundial de la gran madre, consiste en dos medias lunas tocando sus bordes y formando la representación de los genitales femeninos. Cuando cristianizaron Roma, sus ciudadanos no pudieron renunciar al simbolismo del pez. Estos cristianos reescribieron los mitos alrededor del símbolo del pez para adaptarse a esta nueva religión. Las seguidoras femeninas de Cristo, las monjas, recibieron sus nombres de la letra hebrea (Nun) que significa «pez».

Elementos necesarios: Una vela verde o azul; incienso a su gusto; un cáliz o taza llena de agua de manantial; un pedazo de arcilla manejable; un punzón, un lapicero o un clavo para dibujar en la arcilla.

---

3. *The Women's Encyclopedia of Myth and Secrets*, página 451.

Instrucciones: Inicie este hechizo en luna nueva o creciente. Invoque su opción de divinidad o uno de los dioses o diosas mencionados anteriormente, suplicando por su presencia. Prenda el incienso y la vela. Dibuje en la arcilla, con el punzón, un pez nadando, mientras piensa en abundancia y prosperidad fluyendo por su vida. Riegue la imagen con agua santa, pidiéndole a los espíritus que lo bendigan con abundancia y prosperidad. Imagínese el pez reluciente de buena salud y vida. Pase la arcilla sobre la llama de la vela tres veces. Sostenga el pez cerca de su boca y sople tres veces sobre la imagen con largas y constantes respiraciones. Luego diga:

Yo la invoco, oh gran Ishtar.

Ella, conocida como la luz del mundo.

Le dedico este rito, Ishtar. Quien viajó a su ascendencia y quien trajo de nuevo las aguas que dan vida.

Gran Ishtar, conceda bendiciones a este pez sagrado, el cual he creado con mis propias manos. Aguas de la vida, deseo prosperidad. Cuando arroje este pez de arcilla a las aguas del *(nombre el lago, río u océano)*, traerá abundancia de prosperidad a mi vida, salud y armonía, en el nombre de Ishtar. Aguas de vida, que se hagan realidad mis deseos. Siempre tengo todo lo que necesito y más. Entonces, ¡que así sea!

Si quiere puede contar, susurrar o meditar, pensando siempre positivamente mientras sostiene el pez. Cuando haya acabado apague la vela. Agradézcale a la deidad su ayuda. Tome el agua del cáliz y su pez de arcilla y arrójelos a las aguas que nombró, con la seguridad de que la prosperidad y armonía se manifestarán durante el mes.[4]

Nota: Ishtar no es una diosa a la cual se falta al respeto. No acepte dinero de las ganancias mal obtenidas.

Magnificando este hechizo:
- Realícelo en luna nueva o creciente.
- Hágalo un lunes o a la hora de la Luna.
- Hágalo cuando la Luna esté en Libra, especialmente si está buscando abundancia durante un trabajo de equipo.
- Realícelo en la medianoche.
- Hágalo en una playa, a la orilla de un riachuelo, río o un pozo de los deseos.
- Ejecútelo en Candlemas (o 2 de febrero) usando una vasija con nieve derretida.

---

4. Este hechizo mágico se le llamó originalmente *The Fisherman* y es una adaptación de *The Grimoire of Lady Sheba* (Llewellyn Worldwide, 1972).

Abundancia a partir del fuego, del muérdago y del roble

Por todo el mundo, desde Australia hasta América del Sur, desde Europa hasta América del Norte, desde Asia hasta los campos escondidos de África, abundan mitos sobre el origen del fuego. Algunos dicen que el fuego fue un regalo de los dioses, mientras otras leyendas indican que, como buenos humanos que somos, robamos este precioso artículo de los ancestros.

La cultura alemana y británica mezclan las energías del muérdago, el roble y el fuego para formar profundos ritos, hechizos y mitos. El muérdago (una delicada planta) no puede crecer en el suelo, pues es una planta parásita que crece en los árboles caducos. Los pájaros cargan las semillas del muérdago hacia las ramas y vértices de los árboles. El árbol más común donde crece el muérdago es el imponente roble. El muérdago no figuraba en el paganismo Irlandés (véase *The White Goddess,* escrita por Graves), pero sí en la historia de la Gran Bretaña gálica y en Alemania. En Italia y Suecia se pensaba que la combinación de roble y muérdago era efectiva contra el fuego creado por los rayos. La mitología nórdica explica que el muérdago era consagrado a Baldur. La tradición popular romana compara la planta con el héroe Aeneas.

El muérdago abarca gran cantidad de fundamentos mágicos, desde el amor, fertilidad e inmortalidad hasta la protección y consagración. Aquí se usarán sus propiedades mágicas, correspondientes a nacimiento y purificación. A medida que han pasado los años he descubierto que si no tengo ningún ingrediente herbal, puedo remplazar el muérdago y aun así obtener los resultados que deseo. Durante la estación de la Pascua de Navidad, usted me encontrará buscando comerciantes que vendan muérdago (no los falsos de plástico). Yo lo uso muy racionadamente durante el año hasta que me proveo nuevamente en la siguiente Pascua. Un poquito de muérdago en cualquier hechizo perdura mucho tiempo. Si puede conseguir muérdago salvaje mejor, según la leyenda mágica deberá ser cogido en el primer día después de la luna llena o en la víspera o el día de mitad de verano y la hierba no deberá tocar nunca el suelo.

El fuego es un elemento de purificación y si le agregamos los trocitos de roble y muérdago, podemos producir hechizos de prosperidad. Entre las tribus indias americanas del este de Estados Unidos (shawnee, fox, y otras algonguinas centrales), se pensaba que el humo creado por el fuego llevaba las palabras de las oraciones a la deidad suprema. Antes de ofrecer cualquier invocación, se colocaba un poco de tabaco o una mezcla de hierbas especiales en el fuego para validar la oración.[5]

En este hechizo se enviará el mensaje de nuestras necesidades a la diosa Vesta por medio del humo.

---

5. *Standard Dictionary of Folklore, Mythology and Legend*. Funk & Wagnall, 1984, página 390.

Vesta, una diosa romana, gobernaba los asuntos de la casa, ceremonias, magia materna y los guardianes de la casa. Era adorada diariamente, en las comidas, y sus templos contenían los fuegos eternos, los cuales eran restaurados el 1 de marzo, mientras el festival en su honor ocurría el 1 de junio. A diferencia de otras diosas y dioses que tenían estatuas en los santuarios, el cubrimiento real de Vesta era el fuego mismo. Se pensaba que estos fuegos eran el centro místico del imperio donde la apertura de alabanzas al dios Janus comenzaban en cada servicio, la alabanza final pertenecía a Vesta (por lo cual se deriva de la palabra *Vesper*).

Aunque no había imágenes de la diosa en su propio templo, sus estatuas en Roma fueron prevalentes. Frecuentemente la diseñaban con ropa y velo, sosteniendo un cáliz, una antorcha, un cetro y un paladión (un pequeño objeto sagrado visto como fetiche o estatua).

En el año 382 d. C. todos los templos paganos fueron saqueados, incluyendo el de Vesta, la madre del hogar de setecientos años, pero la idea de la llama sagrada eterna la adoptaron los cristianos y la usaron en varios aspectos de su adoración. (Menos las vírgenes vestales, por supuesto).

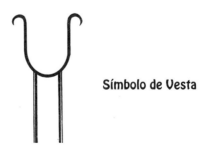

Símbolo de Vesta

Elementos necesarios: Una parrilla de asar; carbón; un ¹⁄₁₆ de onza de muérdago; un puñado de trozos de roble; un marcador negro e incienso de prosperidad. Antes de que inicie el hechizo, dibuje el símbolo de Vesta en cada pedazo de madera con el marcador negro.

Instrucciones: Este hechizo no solamente trabaja bien durante luna nueva y creciente, sino que también trae buenos resultados en luna llena. Coloque una parrilla vieja en el patio y riegue el área con su incienso favorito de prosperidad. Coloque cinco pedazos de carbón en el centro de la parrilla; dibuje un pentáculo en el aire sobre los carbones y esparza muérdago y un puñado de pedazos de roble. A medida que el fuego se encienda, cante:

> **Diosa Vesta del fuego santo, humo sagrado que se levanta en lo alto, hierbas de roble y muérdago, hagan la magia, ayúdelo a que se vaya.**
> **Por su luz incandescente, por la fortuna que crece, tráigame prosperidad, paz interna, amor y alegría.**
> **Sin perjudicar a nadie, entonces, ¡que así sea!**

Cuando se enfríen las cenizas, recójalas y guárdelas en una botella, luego guárdelas en casa. Cada seis meses ofrezca las cenizas a los vientos y reemplácelas con nuevas.

Magnificando este hechizo:
- Hágalo un domingo en la hora del Sol.
- Al mediodía.

- Realícelo cuando la Luna esté en Sagitario si planea las invocaciones de abundancia para viajes, una aventura deportiva o si quiere tener un intercambio directo y honesto con alguien que lo pueda llevar por su camino.
- Ejecútelo en las primeras fases lunares en Virgo, si su hechizo está asociado con la casa.
- Hágalo cerca de una fogata.
- En la mitad de verano (21 de junio).

Abundancia a partir de la tierra

Al igual que varias de las antiguas diosas, la diosa romana Fortuna (*Tyche* en griego) tiene muchas facetas, presidiendo la fertilidad de la tierra y sus habitantes. Su signo zodiacal es Virgo. Se levanta sobre un globo (que representa la Tierra), sosteniendo un cuerno en una mano, del cual emana suerte y abundancia. En algunas instancias, se pensaba que ella dirigía los asuntos del mundo. En razón de la virginidad de Fortuna, ella protegía a las mujeres recién casadas y las ayudaba para que se conservaran bonitas y atractivas para sus maridos. Como Fortuna Fors, era una diosa de la suerte y frecuentemente se la encuentra con velo y vendada en la parte de los ojos. Su simbolismo es la rueda de la fortuna, representando el titulo de «quien le da el cambio al año». Fortuna Augusti fue la fundación del emperador para gobernar el Imperio romano. Como hija de Júpiter se asocia con la suerte, abundancia y prosperidad; su correspondencia incluye el planeta Júpiter y el día jueves, los números impares son consagrados a la fortuna y uno puede recurrir a ella para disipar o mejorar nuestras circunstancias. El día de fiesta de Fortuna es el 11 de junio. Esta diosa continuó teniendo un prominente lugar en la Edad Media cristiana, apareciendo en canciones y poesías latinas, alemanas y francesas. Es una diosa de la tierra y cuida mucho a su gente.

Otro elemento en nuestro hechizo, la canela, fundamenta su historia en la antigua china, donde se usaba la hierba para la purificación del templo y la prosperidad de empresas. La canela proviene de la corteza interna de un árbol de la familia del laurel. Esta especie apareció por primera vez en las escrituras chinas en el 2700 a. C. y posteriormente encontramos referencias a su uso tanto en ritos religiosos como en funciones tribales entre los árabes y los judíos a lo largo de la historia. En un tiempo, a la canela se le dio tanto valor como al oro y al incienso. Actualmente la canela se considera como «la hierba para trucos mágicos de dinero».

Cuando yo empecé a escribir el hechizo de abundancia a partir de la tierra, mis otros hechizos estaban funcionando muy bien, estaba en el camino correcto. Desafortunadamente, olvidé que vivía con otras personas (mis niños, particularmente), y ellos siempre tienen algunas necesidades inusuales que se pueden identificar como «¡Ya, mamá!». Para combatir estas necesidades de emergencia, reuní los siguientes trabajos mágicos que podía realizar durante el mes, sin importar la fase lunar.

Elementos necesarios: Un reci- piente pequeño con canela; un eje delgado (de esos que sacan los recibos de caja en las registra- doras. Una vez usé un candelabro en punta porque no encontré un eje); tres billetes de un dólar.

Instrucciones: Comience un jueves a la hora de Júpiter (tan cerca a la luna nueva como se pueda); coloque un billete de un dólar en el eje y espolvoréelo con canela. Sos- tenga sus manos sobre el billete y diga:

> **Fortuna en velo, diosa de la suerte, dulce hermana**
> **de la fortuna, guía de la rueda del destino,**
> **concédame el don de la prosperidad.**
> **Tráigame las bendiciones de la abundancia positiva.**
> **Sin hacerle daño a ninguno, ¡que así sea!**

Coloque el segundo billete en la parte superior del prime- ro, espolvoréelo con canela y diga:

> **Espíritus de la tierra, elemento de prosperidad,**
> **poderosa madre de mi fortuna, concédame**
> **el don de los recursos ilimitados. Tráigame**
> **las bendiciones de la abundancia positiva. Sin**
> **hacerle daño a ninguno, entonces, ¡que así sea!**

Coloque el tercer billete sobre el segundo, espolvoréelo con canela y diga:

Soy afortunado. Tengo éxito.
Tengo una actitud positiva.
Soy próspero, ¡que así sea!

En las noches, antes de acostarse, coloque un billete o dos sobre los otros billetes. No se le olvide de espolvorear con canela y decir la última afirmación (**soy próspero**). Cuando el eje esté lleno, quite todos los billetes menos el primero y empiece de nuevo. Ponga los dólares en una cuenta bancaria especial o en una Caja Mágica de Dinero para cuando lo necesite. Si por alguna razón tiene que usar todo el dinero, repita el hechizo comenzando con un nuevo billete de un dólar. A medida que aumenta el dinero en el eje, también aumentarán sus finanzas personales. Mi flujo de efectivo aumentó considerablemente con este hechizo. Luego, en una ocasión que mis niños necesitaban dinero para algo en el colegio, se lo di porque era todo lo que tenía en la casa. (Recuerdo que mi hija muy extrañada dijo «¿Qué es esto, con tanto polvo?»). El único error que cometí fue darle *todo* el dinero, se me olvidó dejar el último dólar en el eje. Inmediatamente mi flujo de efectivo descendió. ¡Volví a hacer rápidamente el hechizo teniendo en cuenta que la próxima vez dejaría el ultimo billete ahí!

Magnificando este hechizo:
- Si su hechizo requiere exactitud para conseguir dinero para una necesidad particular, hágalo cuando la Luna esté en Virgo o en Capricornio.
- Realícelo el jueves en la hora Júpiter.

- La preparación del hechizo funciona bien cuando la Luna se está moviendo de Tauro a Géminis, pero bajo una Luna Tauro la gente no está dispuesta a prestar dinero, así que es una época pobre para asuntos bancarios.
- Hágalo al anochecer.
- Realícelo en un círculo de piedras puestas de pie.
- Hágalo en Beltaine (1 de mayo).

Abundancia a partir del aire

Desde los fuertes vientos de cambio hasta las suaves brisas en movimiento, el uso de los respiros santos, la magia del aire puede disipar todos esos problemas de procrastinación, rechazar una influencia negativa, o llevar un proyecto por la dirección correcta. Como una pequeña brisa que se puede fundir en una poderosa fuerza, vamos a usar una antigua técnica llamada el hechizo Acumulativo, el cual emplea repetición, una característica básica de muchos encantos populares. En el hechizo Acumulativo, se agrega un elemento nuevo a la afirmación sencilla original y la creciente lista se recita después de cada adición. Se hace preferiblemente en luna nueva, pero usted es libre de escoger el día u hora planetaria que desee. El único elemento que necesitará es una campana.

La campana ha cumplido diversas funciones religiosas en todo el mundo, incluyendo las prácticas de los asirios en el 600 a. C., en los templos chinos, los cultos babilónicos, las fiestas egipcias, las invocaciones aborígenes, los ritos hindúes y las invocaciones de vudú haitianas.

Hasta la fecha, nadie puede decir con exactitud cuándo entró la campana a la cultura humana. Ésta ha sido usada con varios propósitos, incluyendo amuletos, trucos de fertilidad, súplicas a la deidad, profecías, agentes curativos y por supuesto como instrumento musical. Los europeos repicaban las campanas para frustrar el poder de las tormentas y obstruir la tormenta que se acercaba. En este hechizo se usa para invocar a la divinidad y a los elementos, así como para desviar la negatividad.

Instrucciones: Sostenga sus manos sobre la campana y pídale a la divinidad prosperidad y protección. Puede escoger una deidad favorita si quiere. Simplemente use la palabra «Divinidad» para conservar un hechizo sencillo. Lo puede hacer mirando a Oriente (la posición del aire) en la madrugada (o cuando se levante después de dormir. Me doy cuenta de que en estos días en las compañías y empresas trabajamos segundos y terceros turnos). Comience diciendo: «**Invoco la divinidad**».

Haga sonar la campana y diga:

«**Invoco prosperidad y protección del elemento de la tierra. Magnetizo las cosas positivas que necesito y quiero que lleguen a mí. ¡Ahora!**». Haga sonar la campana y diga:

Éste es el hechizo
que funciona muy bien
que comienza con una campana *(hágala sonar)*
que trae una sonrisa
que vence el juicio
que limpia la habitación
y disipa las ruinas.
Que crea abundancia
poderosa en redundancia
la cual trae prosperidad.

No sólo funciona como hechizo, sino que también es un excelente juego de palabras para sus niños. Para ayudarle un poco, hágalo así:

1. Éste es el hechizo, que funciona bien, éste es el hechizo.
2. Éste es el hechizo, que funciona bien, comienza con una campana *(hágala sonar),* que funciona bien, éste es el hechizo.
3. Éste es el hechizo, que funciona muy bien, que comienza con la campana, que trae una sonrisa, que comienza con la campana *(hágala sonar),* que funcione muy bien, éste es el hechizo.
4. Éste es el hechizo, que funciona muy bien, que comienza con una campana, que trae una sonrisa, que empieza con una campana *(hágala sonar),* que trabaja muy bien, éste es el hechizo… y así sucesivamente. ¡Buf!

Nota: Al final del hechizo puede decir específicamente lo que usted desea y luego haga sonar la campana.

Magnificando este hechizo:
- Realícelo en la madrugada.
- Hágalo cuando la Luna esté en Géminis si desea un cambio drástico.
- Hágalo los viernes en la hora de Venus.
- Realícelo en un precipicio, un lugar escarpado u otro lugar alto donde esté presente el viento.
- Hágalo en Ostara (equinoccio de primavera).

Abundancia a partir de la Cazadora

La diosa primaria de este hechizo es Artemis, la diosa griega de la cacería a quien también relacionan con la romana Diana. Antiguamente una diosa amazónica de la Luna, el nombre de Artemis fue recortado por los helvéticos, quienes la llamaron Artios; de aquí la relación céltica de Artemis y Artios. Conocida como la protectora de animales salvajes, los recién nacidos, lagos, ríos, bosques, la Luna y la noche, Artemis le ayudará a encontrar prosperidad. Los primeros frutos de una cosecha o las primeras cacerías se colgaron en los árboles como aceptación de su patronato y bendiciones. Sus tótems animales son el oso (para curaciones) y el lobo (actividad en familia y clanes). En el santuario de Artemis en Arcadia, las niñas entre cinco y diez años, llamadas «las osas cafés», bailan en su honor en las fiestas y celebraciones.

Artemis es la diosa de la caza, asesina de ciervos, la arquera que viaja por las montañas y tierras ventosas en anticipación a su objetivo, cargando su arco dorado listo para la cacería. Ella era Orthia (la erguida) y Lygodesma (atada a un sauce), Agrotera (la cazadora), Coryphaea (la del pico), Limnaca (del lago), Daphnea (del laurel), Lyceía (del lobo), Aeginaea (de la cabra), Ccaryastis (del nogal), Ariste (la mejor) y Calliste (la más justa). Su templo era una de las siete maravillas del mundo. Para los que buscan sus raíces alemanas, Artemis/Diana era conocida como Dea Abnoba, patrona de la Selva Negra. En este hechizo se va a usar una invocación que incluye algunos de los nombres atribuidos a la energía de Artemis.

El lobo figura de forma destacada en el Nuevo Mundo y en la tradición popular alemana con asociaciones positivas y negativas. Visto al principio como una manifestación de lo divino y un tótem a muchos dioses, diosas y familias humanas, las leyendas del lobo se volvieron menos positivas con la superstición europea y la creación de los mitos del hombre lobo. Al lobo le fue bien, a pesar de las leyendas en el Nuevo Mundo. Si quisiera usar un dios para este hechizo, hay muchos para escoger y todos trabajan bien con el lobo: Zeus (grecorromano), Apolo (grecorromano), Anubis (egipcio) y Cernunnos (romanocelta). Algunas tribus irlandesas proclaman al lobo como su padre espiritual o padre fantasma. Usaban pieles de lobo y sus dientes como amuletos. Las tribus germánicas creían que si usaban la piel del lobo, sus guerreros se convertirían en lobos, dotados con el poder para derrotar a sus enemigos. El lobo es una potente energía basada en la familia, concentrándose en la unidad y la prosperidad del clan.

Elementos necesarios: Incienso al gusto; un cáliz o taza llena de agua de manantial; un plato con tierra; un trozo grueso de arcilla manejable; un punzón, un lapicero o un clavo para dibujar en la arcilla; cuerda; trece cintas verdes delgadas, de trece pies de largo; trece diminutas campanas y una vela verde.

Instrucciones: Invoque a Artemis, rogando por su presencia. Prenda el incienso y la vela. Tome parte de la arcilla y moldee con sus manos un lobo mientras piensa en abundancia y prosperidad llegando a su vida. Con el resto de la arcilla, haga tres flechas. Escriba su nombre con el punzón en el vientre del lobo y luego talle su deseo, usando palabras o dibujos sobre las flechas. Cuando la arcilla esté seca, riegue con unas gotas de agua manantial (no le agregue sal) y de tierra, pidiéndole al Espíritu que le bendiga con abundancia y prosperidad. Imagínese el lobo y las flechas rebosantes de salud y vida; pase el lobo y las flechas por encima de la llama de la vela tres veces. Sosténgalos cerca de su boca y sople tres veces las imágenes con respiraciones largas y constantes. Luego diga:

La invoco, oh gran Artemis, reina de la Luna, diosa de la sabiduría. Le dedico este rito y le suplico bendiciones para este lobo sagrado y estas flechas

que he creado con mis propias manos. **Cuando deje este lobo y las flechas en el patio** *(o el bosque),* **traerá una abundante prosperidad, salud y armonía a mi vida. Las flechas son mi regalo a Artemis, con lo cual ella puede continuar disfrutando de su cacería salvaje con el arco dorado, mientras su lobo corre a su lado. Afirmo mi derecho a la prosperidad. Entonces, ¡que así sea!**

Puede cantar, susurrar o meditar, teniendo siempre pensamientos positivos mientras sostiene el lobo. Trate de tararear todos los nombres de Artemis: «**Artemis, Diana, Devana-Tauro, Artios, Dea Abnoba**» (puede seleccionar cualquiera de sus nombres y mezclarlos en un cántico). Ate una campana en la punta de cada cinta y una todas las cintas, entonando el cántico de Artemis. Luego, amarre firmemente las cintas alrededor del vientre del lobo. Cuando haya finalizado, apague la vela. Dé gracias a la deidad por su ayuda y suelte el círculo. Saque el agua del cáliz, la tierra, su lobo de barro y las flechas y camine hacia el patio. Cuelgue el animal (con la cuerda atada firmemente a su estómago) de un árbol. Vierta el agua y la tierra en la base del árbol, al lado de las pequeñas flechas que usted dejará ahí mientras hace el ofrecimiento. Pida una última bendición, a sabiendas de que la prosperidad y la armonía se manifestarán durante el mes. Invoque a los gnomos y diga:

Gnomos del bosque, tesoro existente, tráiganme bienestar de la tierra de Artemis.

Deje el lobo en el árbol.

Magnificando este hechizo:
- Realícelo en luna nueva.
- En la hora de Júpiter o un domingo o un jueves.
- A la media noche.
- Cuando la Luna esté en Sagitario.
- Durante la luna del cazador.
- Hágalo en Mabon (equinoccio de otoño).

Abundancia a partir de los ancestros

Los muertos, especialmente los que nos han amado, tienen poder. Esta ceremonia tiene mucha belleza, paz y armonía; muy bueno cuando usted está preocupado por sus finanzas.

En este hechizo se hace uso de la maraca sagrada, la cual tiene una larga historia que podríamos leer durante todo el día y no terminarla. Diferentes culturas asociaban la maraca con varias técnicas mágicas, pero sus usos más comunes fueron disipar la negatividad e invocar espíritus místicos, tales como animales, tótems o la muerte de ancestros. Desde el alambre (para los egipcios) hasta las calabazas (para los nativos americanos), la maraca se ha usado para traer salud y prosperidad mientras eliminan las fuerzas negativas.

En este hechizo se invocan las energías de quienes nos amaron; sin embargo, me gustaría decir que los santeros creen que usted debería invocar la presencia del ancestro que no lo quería o que lo trataba mal, pues él necesita disipar ese rencor. Al pedirle ayuda, usted está permitiendo que se reivindique pagándole con energía positiva.

Aunque hay muchas deidades femeninas asociadas con la tierra de los muertos, para este hechizo se ha escogido a Barinthus, el misterioso dios marino galés, cuya responsabilidad recae en trasportar los muertos a través de los vastos mares hasta su sitio de descanso.

Elementos necesarios: Una vela morada (el morado se asocia frecuentemente con la mente superior y la energía de los muertos); siete velas votivas blancas (por pureza de intento); una fotografía del individuo o individuos que lo amaron y que ya están muertos (también podría agregar algo que les perteneciese, como una joya o un libro favorito u otro recuerdo); una pluma negra y otra blanca (para equilibrar); un ofrecimiento para el muerto que incluya algo de la tierra o el mar; su incienso favorito; su deseo, escrito en un pedazo de papel verde (o sobre un papel blanco pero con lapicero de tinta verde); una maraca (para eliminar la negatividad e invocar al difunto).

Instrucciones: Coloque el papel del deseo (llamado petición) debajo de la vela morada. Alrededor de esta vela, ponga las siete velas votivas blancas. Alrededor de éstas, coloque la fotografía del ancestro cubierta por las plumas negras y blancas, su ofrecimiento de los bienes de la tierra o el mar y el incienso.

Visualice un círculo de luces blancas a su alrededor. Prenda el incienso y diga su deseo. Invoque a Barinthus para que cargue el muerto hacia el círculo en su bote de luz, si es la voluntad de los dioses. Prenda la vela morada, diciendo a quién quiere invocar y el deseo que quiere. Encienda las velas blancas votivas en honor del muerto, diciendo su nombre en voz alta. Hable de los regalos que él le dio en vida y ofrézcale gracias y bendiciones.

Siéntese en silencio y visualice de nuevo la luz blanca a su alrededor. Cierre los ojos y agite la maraca lenta y suavemente. Pronuncie el nombre del muerto y pídale que escuche su deseo. Sea siempre franco y honesto con sus palabras. Repita su deseo en forma de cántico (la comunicación entre usted y el muerto no siempre es clara, por lo tanto debe asegurarse de que él escucha exactamente lo que desea). Mientras agita la maraca visualice su deseo. Pare cuando pierda la visualización.

Ponga las manos sobre la vela morada y diga:

Invoco al difunto a que se una a mi hechizo.
Que el aire conduzca bien su viaje, que el fuego le
dé espíritu, fortaleza y amor *(nombre del difunto)*,
acoge esta petición desde lo alto.[6]

Mire a través de la llama y visualice su deseo. Relájese y respire profundamente. Agradezca al difunto su ayuda. Dé

---

6. *Cántico acreditado al difunto,* Scott Cunningham.

las gracias y pídale a Barinthus que guíe al difunto a su lugar de descanso. Deje las velas prendidas hasta que se derritan. Guarde los restos de la vela hasta que su deseo se le haya concedido, luego entiérrelos en su propiedad. Ponga su ofrecimiento en algún lugar especial del patio.

Magnificando este hechizo:
- Realícelo en luna llena.
- Hágalo un lunes (amor de familia) en la hora de Saturno (la hora planetaria de la muerte).
- Realícelo a las 3:00 a. m. (la hora diaria de la muerte).
- Ejecútelo en Samhain, el día de todas las almas o de todos los santos.

El hechizo de ángel para la abundancia

He encontrado que la magia del ángel es un increíble medio positivo en varias aplicaciones. La historia de la presencia de los ángeles data desde el judaísmo y cristianismo. En verdad, nuestros ancestros paganos empleaban estos espíritus mensajeros en muchas de sus espiritualidades primitivas. A aquellos que tengan alguna relación con el paganismo es posible que no les guste este hechizo, pensando que los nombres de los ángeles son cristianos. Sin embargo he encontrado que muchos nombres de ángeles preceden al judaísmo y cristianismo y encuentran sus fundamentos en los mitos sumerios y caldeos.

En este hechizo se usa el concepto del verso mnemotécnico. Hay modelos similares en la escritura hebrea (sal-

51

mo 119, el cual consiste en veintidós secciones de ocho versos correspondientes a las veintidós letras del alfabeto griego) y las primeras rimas inglesas, que datan de 1375, son el *ABC* de Chaucer, un homenaje a la Virgen bendita (tomado del original francés escrito medio siglo antes). Al estudiar la cultura y magia de los Pennsylvania Dutch (alemanes-americanos), se encontraron versiones más cortas –evidentemente, ellos creían que sólo las primeras líneas se necesitaban en sus encantamientos mágicos, en lugar de todo el alfabeto–. Aquí hemos escogido las originales ideas mnemotécnicas usando veinticuatro nombres de ángeles, produciendo un hechizo de ángel para la abundancia.

Instrucciones: Este hechizo se puede decir en cualquier momento y funciona bien acompañado con una maraca o un tambor. Se puede hacer en grupo, donde una persona dice una línea y luego el grupo la repite, seguido por la palabra «¡oh!».

*(Diga su intención:)*_____
Ariel la inicia. Baradiel la guía. Chalkydri lo canta.
Devas lo manifiesta. Elohim lo desea.
Fravashi lo mejora. Gabriel lo trae. Hafaza lo mira.
Isehim lo balancea. Jael lo protege. Kadmiel lo crea.
Lahabile lo ayuda. Michael lo levanta. Nebo lo atiende.
Ofaniel lo ve. Los ángeles patrones lo cuidan.
La reina de los ángeles lo habla. Raphael lo inspira.
Sandalphon lo ora. Thrones lo santifica.
Uriel lo fortalece. Vrevoil lo revela.

Los guardianes lo protegen. Xathanael lo manda.
Yahriel coloca la gloria de la Luna sobre éste.
Los ángeles zodíacos lo acordonan.
Y el Espíritu lo trae a través del tiempo y el espacio.
Entonces, que así sea. ¡Oh!

Séllelo en el aire con el sigilo de una cruz con lados iguales (*véase* la figura siguiente) usando su mano dominante o la maraca. (Sólo para que se asegure, revise dos veces las correspondencias angelicales y trate de no escoger ninguna que haya tenido, desafortunadamente, su nombre manchado durante la tergiversación histórica).[7]

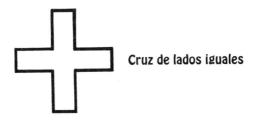

Cruz de lados iguales

Si prefiere una versión más pagana usando las deidades de Europa occidental, puede ensayar ésta:

Aradia la inicia. Brigit la aprovisiona.
Cerridwen la embruja. Dagda la manifiesta.
Echo la repite. Epona la protege.

7. *Angels A to Z-A Who's Who of the Heavenly Host*, de Matthew Bunson. Crown Trade Papers Back, Nueva York. 1996.

Gwen le sonríe. Habonde la cultiva.

Inghean Bhuide la bendice.

Japheth le da poder. Korrigan la alimenta.

Loban la embellece. Melusine la levanta.

Nair lo manda. Olwen lo ilumina.

Phlox trae todos sus elementos a él.

La reina de los ángeles lo habla.

Rhiannon le otorga carisma. Scota lo ora.

Las triples diosas lo santifican.

Urganda lo fortalece. Velada lo revela.

Los Wyrds lo protegen.

Ygerna pone gloria de la Luna en él.

Zadan lo acordona. Y el espíritu lo trae
    a través del tiempo y el espacio.

Entonces, ¡que así sea, oh!

Magnificando este hechizo:

- Realícelo afuera bajo un cielo estrellado.
- Cuando la Luna esté en Leo para lograr la generosidad de los demás.
- Hágalo el domingo a la hora de Venus.
- En Navidad, 21 de diciembre (Pascua de Navidad) o el día de Año Nuevo.

Meditación de la abundancia en un círculo

Voy a dar un descanso a la historia y a las leyendas. La siguiente meditación me ha ayudado en cualquier día o noche, desde luna nueva hasta la luna llena, siéntese en silencio y cierre los ojos. Relájese, visualícese como la energía de la prosperidad. Sea la energía de la prosperidad. Cante o repita en su mente:

Círculo, círculo, redondo redondo;
redondo redondo, círculo redondo.

Luego cálmese y céntrese en usted, pensando en usted como la energía del éxito y la prosperidad. Conviértase en la energía de prosperidad. Este hechizo es estupendo en cualquier momento y es especialmente útil cuando las preocupaciones económicas lo empiezan a afectar.

Magnificando este hechizo:
- Cargue la vela verde con cincoenrama, menta y verbena (*véase* capítulo 4); quémela.
- Hágalo en luna llena o a la hora de Júpiter.
- Use un tambor o una maraca mientras entona el hechizo.
- Realícelo el 1 de enero o el día de su cumpleaños.

Abundancia a partir de la magia americana

De acuerdo con el registro familiar, mis ancestros llegaron a América desde Alemania a finales de 1600. Ellos formaron parte del legado Pennsylvania Dutch en los condados de York, Adams y Cumberland. Estoy orgullosa de decir que nunca tuvieron esclavos y que eran básicamente un grupo de fuertes trabajadores, aunque por la parte sur soy descendiente de un evangelista itinerante con catorce niños y propietario de Hackers Creek, Virginia Occidental. (Pues bien, ése fue el lado escocés de la familia e igualmente estoy orgullosa de ellos). Por la parte norte, mis ancestros alemanes rápidamente aprendieron a usar su magia popular personalizada Pow-Wow, para su beneficio, incluyendo los populares signos de la bruja y continuando con la gran popularidad que aún conserva.[8]

La siguiente gráfica muestra el signo de la bruja para la abundancia y la buena fortuna para todos. Esta típica estrella de ocho lados tiene relación con energías angelicales. La estrella grande normalmente se pinta de azul con cuatro tulipanes rojos que se levantan entre las puntas intermedias de la estrella. La estrella grande representa protección, buena suerte y gran fortuna. La segunda, la estrella más pequeña con ocho puntas, forma el centro del diseño, con colores alternados rojo y negro. El rojo representa el poder del Sol y el de nuestro linaje. El negro representa los dones de la tierra y la protección contra la negatividad. El azul, las estrellas más pequeñas y el trigo verde simboliza la abundancia y el buen nombre, donde los tulipanes rojos representan la fe y confianza así como el centro de la trasformación positiva. A los tulipanes se los ve como «pies de bruja», regresando al simbolismo

---

8. Puede obtener signos de bruja prepintados en las tiendas de Jacob Zook, Hex Shops Inc, P.O. Box 104, Paradise, PA, 17562.

del dios del bosque y su pie hendido. El círculo externo, pintado de verde, simboliza las energías de la abundancia para centrar el poder y proteger su casa y propiedad. Coloque este signo en su altar para la abundancia y la buena fortuna. Queme una vela color café para influenciar las energías amigas.

Signo de la bruja

Elementos necesarios: El signo de la bruja; papel pergamino; colores; marcadores o pintura azul, roja, negra y verde; una vela color café; agua de manantial; aceite de dinero preferido; una maraca o tambor.

Instrucciones: En luna nueva, dibuje el signo de la bruja en un pedazo de papel pergamino (puede ser papel blanco si no encuentra pergamino, aunque sería bueno si consiguiera un rollo en algún almacén de arte, ya que hay muchos hechizos que trabajan usando pergamino). También puede usar un plato de papel blanco o un círculo de madera con una base blanca. Coloree el diseño con los marcadores, pinturas o colores.

Determine el tipo de abundancia que desea. Por ejemplo, si quiere abundancia en el amor familiar, entonces escoja el domingo, lunes o viernes para darle energía a su signo de la bruja. Si está interesado en un poder personal, el día apropiado sería el martes. Abundancia en dinero, propiedades y negocios corresponden al jueves, y si está mirando más hacia aspectos de comunicación entonces el día sería el miércoles. Seleccione la hora planetaria con el mismo procedimiento en mente.

Riegue con agua de manantial la parte trasera del signo y proyecte energías pasando sus manos sobre el signo y pidiendo bendiciones. Cierre el empoderamiento con el aceite que escogió, en la parte trasera del signo y haciendo una cruz de lados iguales. Puede usar la receta del aceite de prosperidad que encontrará más adelante o puede comprar uno en una tienda de magia. Si no puede conseguir aceite de dinero, utilice aceite de oliva o de almendra. Yo normalmente toco cada tulipán y cada estrella con el aceite de dinero.

Sostenga sus manos sobre el signo, cantando tres veces: «**Prosperidad, venga a mí**». Luego, tome la maraca o tambor y continúe hasta que se canse, diciendo:

Sin perjudicar a nadie.
Que se haga mi voluntad, entonces, ¡que así sea!

Dirija el signo hacia los cuatro puntos cardinales (N, S, E, O) y ruégeles bendiciones a los elementos. Visualice la energía de cada punto cardinal llenando el signo de la bruja.

Sostenga el signo en lo alto, pidiendo también bendiciones al Espíritu. Cuélguelo en un lugar importante de su casa y reactívelo en cada luna nueva.

Magnificando este hechizo:

- Los colores primarios del Pow-Wow americano (ritual indígena) eran rojo, blanco y negro; rojo por la sangre de la herencia, blanco por la pureza y negro por la riqueza de la tierra y protección.
- Encienda las velas de estos colores invocando las energías del signo de la bruja.
- Hágalo cuando la Luna esté en Leo para conseguir vitalidad o cuando la Luna esté en Virgo para asuntos del hogar.
- Realícelo en Lammas (2 de agosto) o durante toda la luna nueva en agosto.
- También en el signo de Leo (la época favorita de los hechizos del Pow-Wow) desde el 21 de julio hasta el 21 de agosto.

3
Manifestando riqueza

Ha llegado el momento de pensar seriamente en sus objetivos financieros, especialmente cuando esas metas corresponden a elementos específicos. En el capítulo anterior se trabajó con la abundancia en general, aunque se puede cambiar cualquiera de esos hechizos para magnificar un proyecto particular. En este capítulo nos concentraremos en su flujo de efectivo, invocar objetos costosos, magnificar su saldo bancario y otros asuntos financieros. También se hablará de la elaboración de proyectos y nuestras relaciones con otros concernientes a nuestra prosperidad.

En el capítulo anterior los hechos presentados corresponden generalmente a la luna nueva (para manifestar los inicios) y la luna creciente (tiempo para agregar energías de crecimiento). Nuevamente, se usa la luna llena para inspiración y poder. También se han incluido las «piezas finales» de cada hechizo, con sugerencias para aquéllos a los que les gustaría ensayar el hechizo con una variación más complicada.

La mentalidad de grupo

He descubierto que la mentalidad de grupo de su familia y amigos cercanos se relacionan con su salud y éxito financiero. Si un miembro de la familia es hipocondríaco, entonces de seguro muchos miembros de la familia tienen hábito de pensar en sus propias enfermedades, incluso si no verbalizan sus temores. Si una persona sufre de abuso, entonces toda la familia lo sufre. Nada –ningún dolor, ninguna pena, ninguna felicidad, ninguna alegría– afecta a la persona en forma individual. Su estado financiero funciona de la misma manera. Si sus padres siempre se han preocupado por el dinero y hablan constantemente de su pobreza, entonces usted (como adulto) puede pensar así también (a mí me pasó eso). Este proceso de pensamientos negativos extrajo energías negativas de las finanzas familiares. Las afirmaciones repetitivas de su pobreza lo llevan a un abismo de fracaso. Cuando era niña siempre escuchaba: «Los Bakers (ése era mi apellido) nunca tienen dinero». Lo oía frecuentemente y lo creía. Durante muchos años luché contra este tipo de pensamientos negativos y contra épocas financieras muy difíciles, especialmente cuando mis niños eran muy pequeños.

Aunque todas las aplicaciones mágicas se basan en la creencia de un futuro positivo, se ha descubierto que la magia de la prosperidad requiere que usted deje ir todas las inhibiciones negativas (pensamientos y sentimientos) que haya tenido en el pasado sobre el dinero. Necesita abrir los brazos y aceptar la abundancia de riqueza.

Esto es, en verdad, una opción. *Visualice la prosperidad como una energía, una energía que hay en abundancia para todos.*

También se ha descubierto que el temor es una epidemia terrible, especialmente en un ambiente familiar cerrado, cuando se está hablando de dinero. Yo había estado trabajando la magia de la prosperidad durante un año y todo me estaba saliendo bien. De repente, algo sucedió. Una gran factura nos golpeó. Normalmente, yo me aterrorizo y mi marido es el calmado, pero no esta vez. Él gritaba y deliraba. Se tiraba al suelo. Le dio el síndrome de: «¿Por qué nosotros? ¿Cómo sobreviviremos? ¿Cómo pagaremos esto ahora? ¿Cómo lo pagaremos después? Si lo hubiera sabido no lo hubiera gastado… (ya se imagina la situación, ¿correcto?)». Su pánico era contagioso y pronto todos estuvimos nerviosos. Empezó el calvario (ustedes saben, abriendo las heridas emocionales que no han sanado totalmente). Me encontré en ese terrible estado emocional el cual ya conocía antes de que empezara a trabajar seriamente en mi bienestar financiero.

La diferencia en esta ocasión era que parte de mí veía lo que pasaba con un ojo frío y lógico y me di cuenta de que las cosas no eran tan malas como parecían. Era sólo un pequeño tropiezo (o incluso una lección bien aprendida). Me concentré en calmar a mi marido y cada vez que él recordaba algo negativo del pasado, le decía muy gentilmente: «No lo evoques más, pues no se saca nada bueno con eso», y procedía a realizar el trabajo mágico necesario para mejorar nuestros asuntos financieros y así poder pagar esa factura sin tantos problemas. Funcionó y aprendimos de la experiencia.

Mientras realice magia de prosperidad, piense larga e intensamente en su estado previo y actual. Sepárese conscientemente de los patrones físicos y emocionales negativos. Aprenda a sanar viejos temores que van acompañados con problemas económicos.

Los altibajos del dinero[1]

Hace tiempo aprendí que nuestras vidas bajan y fluyen con la energía de las estaciones. También descubrí que cada quien tiene un ciclo personal que incluye tiempos ocupados y le siguen épocas que no tienen nada que ver con energías estacionales, influencias planetarias, o fases lunares. Estos ciclos son sanos y normales. No fue, entonces, muy difícil concluir que este movimiento de energía dentro de nuestra vida afecta también los altibajos de nuestra prosperidad. Otras cosas también en nuestras vidas ondulan en ciclos: las relaciones personales, las emociones, las formas de dormir, etc. Una parte de nuestra vida diaria se perfecciona, otra puede fallar o disminuir sin nuestra observación constante. Si estos ciclos son naturales, entonces ¿cómo vamos a afrontarlos

---

1. El concepto de entrada y salida de dinero surgió del libro de Sanaya Roman y Duane Packer *Creating Money, Keys to Abundance* (*véase* bibliografía). Recomiendo este libro para aquellos que planifican conscientemente su dinero.

—especialmente cuando se habla de las dificultades económicas—?

Primero, apréndase su ciclo personal. Siéntese y analice los altibajos del dinero en un mes y luego en un año. Si usted es un tipo de persona que todo lo hace paso por paso, puede hacer una gráfica para que le ayude a resaltar los días en que alcanza emocionalmente esa «etapa crítica». Creativamente considere cómo podría equilibrar esos altibajos naturales. Segundo, aprenda a controlar las emociones negativas que asocia con esas épocas de barbecho. Busque actividades positivas en esos pocos días (o semanas). Usted puede descubrir varios picos y valles en su gráfica o quizás unas pocas. Todos somos diferentes.

¿Significa esto que algunos días usted será pobre y otros rico? No. Significa que los ciclos de energía serán diferentes y usted necesita estar sincronizado con estos ciclos personales y actuar apropiadamente. Trabajando con hechizos de abundancia y de desaparición (en el próximo capítulo), ya habrá comenzado a hacerlo, asumiendo que se ha saltado parte del libro para encontrar esos hechizos que responden a sus necesidades; si no lo ha hecho también está bien.[2]

En un ciclo lunar de veintiocho días, sabemos que hay un tiempo para atenuar cosas hacia usted (de luna nueva a llena) y un tiempo para alejar las energías negativas (de luna llena a nueva). También se sabe que la luna llena se

---

2. Si está realmente interesado en lo mágico, sería beneficioso que un astrólogo revisara su carta natal.

considera frecuentemente un período de balance donde las prácticas de creación y eliminación trabajarán bien. También sabemos que usted tiene un ciclo personal que se puede (o no se puede) adherir al ciclo lunar, las estaciones o las influencias planetarias. ¿Cómo se pueden reunir todas estas energías para que funcionen en sinergia y creen abundancia positiva? Realmente no es difícil una vez haya puesto su táctica a trabajar.

¿Qué clase de energía lo está moviendo hoy? ¿Está el dinero fluyendo a un paso constante o está alejándose de su lado? Quizás éste es un día equilibrado (o semana): nada adentro, nada afuera.

Entrada de dinero. Es muy bueno, pero no lo tome a la ligera como yo acostumbraba hacerlo. El dinero entraba, todo era magnífico y me mantenía ocupada, a veces pensaba que estaba muy ocupada, así que me sentaba y contemplaba aquellos eventos que necesitaban ir un poco más lento hasta que yo pudiera comprenderlos. Literalmente proyectaba y me imaginaba las cosas deteniéndose. Error. Después de unos días, el dinero salía más de lo que entraba. Incoherentemente había afectado mi flujo monetario (entrada de dinero). En los días en que el dinero fluye en su dirección, mantenga esa creatividad funcionando. Continúe sus trabajos de abundancia y eliminación. Mire el dinero como energía. Dele un color, si quiere (el verde puede ser una opción). Concéntrese en esta energía que sigue creciendo a su alrededor.

Salida de dinero. Más dinero saliendo que entrando conduce a la depresión. Para no olvidarme de que los días de salida de dinero son temporales, empecé a hacer algo especial en ellos –algo que hiciera mi día diferente–. Algunas veces jugaba con mis hijos, caminaba o leía. Siempre me aseguraba de hacer algo mágico, incluso si sólo estaba limpiando mi altar, aprendiendo algo nuevo, ordenando mi gabinete mágico (un día largo de trabajo), o reacomodando las cosas en uno de mis santuarios. Descubrí que un poco de magia eleva el espíritu y lo relaja de un día difícil. Ensaye con un baño largo y una vigorosa ducha o un poco de jardinería que lo ponga en contacto con la tierra. Repita las afirmaciones positivas o haga algo de meditación. Le podría dar una extensa lista de cosas que he ensayado –y todas funcionaron–. Recuerde que los días de salida de dinero son una condición *temporal* que disminuirá en intensidad a medida que aprenda a manifestar abundancia en su vida.

Los días de salida de dinero (o semanas) pueden significar que usted tiene un obstáculo en algún lado y es el momento para empezar a revisar su vida para encontrarlo y pensar qué va a hacer con él. Algunos obstáculos se pueden eliminar en segundos (como un pensamiento negativo y molesto), mientras otros no son tan fáciles (como una esposa que no puede despegarse del cajero automático). Los obstáculos pueden ser mentales, emocionales, físicos o espirituales. Sólo usted, el amo y señor de su vida, puede determinar cuáles son estas barreras. Algunas veces estos obstáculos son autoimpuestos y en otras ocasiones son creados por los demás.

Durante años tuve una barrera de energía en cuanto a los días de salida de dinero. Esto contradecía mi pasado cuando tenía la determinación a ser próspera. Aun cuando había trabajado en mejorar las cosas negativas, todavía experimentaba más salida de dinero que entrada. En la medida en que ponía en práctica todos los hechizos de este libro, mis días de egreso de dinero disminuyeron y fueron reemplazados por días de abundancia monetaria. Tan pronto como mi esfuerzo por ser próspera se hizo primordial, todos los obstáculos que había experimentado en el pasado empezaron a desmoronarse y proseguí muy bien mi camino en el estilo de vida que quería.

Nada de ingreso, ni egreso. Yo acostumbraba a pensar que estos días eran increíblemente frustrantes (y temibles) si había pasado por un período de egreso de dinero, pero durante un período de ingreso se me hacían tiempos calmados y silenciosos. De cualquier forma, no son días para sentarse en su mágico…, ya sabe de lo que estoy hablando, y ver como pasan las horas. ¡No, no, no! Nada de ingreso o egreso puede significar que usted no tiene realmente claro lo que quiere, lo cual es una condición humana normal. Muchas personas temen alcanzar lo que desean porque piensan (por cualquier razón) que sencillamente no puede suceder. En estos días, trabaje en algo que le *gustaría* hacer (no lo que piensa que *debe* o *debería hacer*). Fue en un día sin ingresos ni egresos cuando descubrí el siguiente ejercicio del Cordón Dorado de la Manifestación. Me tomó tiempo aprender el ejercicio, así que no lo abandone si no le funciona inmediatamente. No se dé por vencido, que al final resultará mucho más fácil.

Nota: Alguna gente, por naturaleza, prefiere la pasividad. Yo soy una de ellas. Cuando las cosas comienzan a mejorar y experimento épocas de ingreso, se me olvida trabajar por la futura abundancia. Me vuelvo complaciente con el mundo y todo lo que hay en él. Si me siento muy cómoda, los espíritus frecuentemente me golpean la cabeza, diciendo: «Es tiempo para que se mueva. Tengamos una semana de egreso de dinero para mantenerlo al tanto de sus trabajos mágicos».

El Cordón Dorado de la Manifestación

Aunque el oro no siempre ha sido fácil de obtener, su habilidad para permanecer intacto y agradable a la vista lo han hecho popular en varias culturas. Evocador de las luces mayores (nuestro Sol y las estrellas), la adoración religiosa frecuentemente relacionaba el oro con la deidad. Los mitos incluyen la era dorada romana y griega, las manzanas doradas de las Hespérides (griego), la rama dorada (romano), el cuento del gallipollo dorado (ruso), la lana dorada (griego), el instrumento de oro (africano) y la leyenda dorada (el proceso de recopilar la vida de los santos). La regla de oro (no le haga a los demás lo que no le gustaría que le hiciera a usted) proviene de las escrituras egipcias, acadias y budistas, que datan del 500 a.C. En algunos casos (los egipcios), la regla era asociada con la adoración a diosas (a la memoria de Maat). En santería, el oro es el favorito de la diosa Oshun, deidad de la prosperidad de los ríos y arroyos.

El siguiente es más un ejercicio que un hechizo. Necesitará práctica para volverse proficiente. Eso está bien. El trabajo es bueno para el alma y aleja el aburrimiento.

Elementos necesarios: Un hilo o cordón dorado con una longitud igual a la de su cuerpo; una caja de fósforos pequeña, vacía, pintada de dorado o amarillo; un pedacito de papel que quepa en la caja; un lápiz de color dorado o bolígrafo de tinta dorada; una vela dorada (puede reemplazarla con una blanca).

Instrucciones: Sostenga sus manos sobre los materiales a usar e invoque bendiciones en el nombre de la deidad escogida con el propósito de prosperidad. En el pedazo de papel escriba lo que quiere manifestar. Puede ser un elemento o meta grande o pequeña. (Recuerde: las cosas grandes normalmente tardan más tiempo en manifestarse). Tome el papel y sóplelo tres veces. Colóquelo en la caja.

Amarre una punta del cordón alrededor de la caja. Empuñe la vela y piense en lo que quiere manifestar, luego piense cómo se sintió en el momento en que obtuvo lo que deseaba. En su mente enlace ese sentimiento emocional a la figura de lo que quiere manifestar ahora. Prenda la vela y trate de adherirse a ese sentimiento todo el tiempo que pueda.

Cierre los ojos. Empiece a mover la punta libre del cordón por sus manos mientras piensa en lo que quiere manifestar. Imagínese usted mismo dibujando su deseo con el cordón y en sus manos. Continúe moviendo el cordón por sus manos hasta que llegue a la caja. Tómela y siga pensando en su deseo. Visualícese feliz y obteniendo el deseo (o teniendo la energía del deseo a su alrededor). No permita que pensamientos negativos lleguen a su mente. Sostenga la caja hasta que sienta que su energía aumenta o sienta un rápido hormigueo en sus manos. Respire profundamente y abra los ojos. Apague la vela.

Repita este ejercicio todos los días hasta que reciba su deseo o hasta que hayan pasado los veintiocho días. Si al finalizar no ha logrado su propósito, tome una vela nueva y comience otra vez. Durante los veintiocho días, esté atento a las oportunidades que se pueden presentar, especialmente si es un propósito no material. Asegúrese de aceptar esas oportunidades. Una vez ha manifestado su meta, queme el papel y comience con una nueva meta o deseo. No pare después de la meta o manifestación. Manténgase activo, es un gran ejercicio y se puede hacer en grupo.

Nota: No deje que este ejercicio lo lleve a un estado nervioso. Yo me dejé llevar y no podía dormir, entonces repetía el ejercicio hasta que caía en gran estupor, lo cual me causaba frustración y mal genio al día siguiente.

Magnificando este hechizo:

- Realícelo al mediodía.
- O un domingo a la hora de Mercurio para mejorar la comunicación en un asunto de negocios.
- O un domingo a la hora del Sol.
- En mitad del verano, a la madrugada y al mediodía y nuevamente al anochecer.
- O cuando la Luna esté en Leo.

Las hierbas, aceites, velas, inciensos y polvos pueden magnificar su magia. Las siguientes tres ayudas, el Incienso de Prosperidad de Morgana, el Polvo de Prosperidad de Morgana y el Aceite de Prosperidad de Morgana, se pueden utilizar en cualquier hora durante el mes y son excelentes magnificadores de hechizos para cualquier situación que el universo presente.

Incienso de Prosperidad de Morgana

Morgana posee una tienda mágica llamada Morgana's Chamber, en el distrito de Manhattan en la cuidad de Nueva York. Esta pequeña bruja del nuevo milenio tiene un buen olfato para crear poderosas y mágicas tramas, las cuales ha compartido generosamente aquí.

El incienso ayuda a ubicarlo en el estado correcto de la mente mágica, actúa como una campanilla psíquica a la divinidad que usted necesita y forma parte del trabajo mágico en general.

Elementos necesarios: Una taza de virutas de cedro (el cedro tiene muchos usos mágicos, incluyendo sanación, purificación, protección y prosperidad y viene de un fragante árbol siempre verde); media cucharada de benjuí (el benjuí del árbol *Styrax* cultivado en Java, Sumatra y Tailandia es comúnmente usado entre los practicantes mágicos como base para una mezcla de incienso); media cucharada de cincoenrama (favorita de los artistas de Pow-Wow de Pennsylvania Dutch, usado para conjurar prosperidad y sanación); una cucharadita de aceite High John El Conquistador, (favorito para los de la parte sur, asociado con embrujos de rompimiento, un aceite definido de dinero rápido curador de la infelicidad y de la depresión); trece gotas de aceite vetivert (prosperidad, amor y asociado con embrujos de rompimiento, aceite de dinero rápido y un favorito de los practicantes de magia popular del sur); nueve gotas de aceite de naranja (amor, suerte, dinero y adivinación).

Instrucciones: Mezcle las virutas de cedro y el benjuí. Agréguele el cincoenrama y los aceites, mézclelos bien. Úselo cuando quiera, paralelamente con sus hechizos de prosperidad. Este incienso se puede usar como carbón o un fósforo. Guárdelo en un recipiente hermético en un área fresca y seca. El fuego es el elemento primario de este incienso mágico y sus asociaciones zodiacales son Leo, Aries y Sagitario. Cuando use las energías del Zodíaco, recuerde que Aries es para iniciar un proyecto, Leo es para fijar o mantener firmemente el proyecto y Sagitario es para poner a funcionar cosas que se han detenido.

Magnificando esta mezcla:

- Realícela en luna nueva o llena.
- Cuando la Luna esté en Aries, Leo o Sagitario.
- Un martes (para empleos más agresivos y fieros).
- Hágalo en medio del verano cuando el Sol esté en su cénit.
- Un jueves a la hora de Júpiter, Venus o el Sol.
- Un domingo a la hora de Júpiter, Venus o el Sol.
- Un viernes la hora de Júpiter, Venus o el Sol (especialmente si se involucra una compañía).

Polvo de Prosperidad de Morgana

El propósito primario de cualquier polvo mágico es influir en los pensamientos y las emociones humanas o para influir en las energías invisibles humanas que los ha unido a una persona en particular. Esto significa que un polvo mágico afecta directamente a la conducta de las personas. Aunque algunos individuos mágicos pueden argumentar que los poderes son una forma deshonesta de magia, hay ciertas situaciones en las que los polvos pueden ser útiles y éticos. La mezcla indicada a continuación combina las energías del éxito y la protección y por consiguiente no es perjudicial en ninguna forma.

Elementos necesarios: Una taza de virutas de cedro (prosperidad, protección, purificación); una cucharada de agujas de pino (prosperidad, protección, sanación, fertilidad y purificación); una cucharadita de canela (éxito, amor, sanación, prosperidad y espiritualidad); un poquito de la hierba sangre de dragón (aumenta la potencia de cualquier mezcla); oro, plata y brillo verde.

Instrucciones: Mezcle los cuatro primeros ingredientes y muélalos hasta quedar un polvo fino. Agregue brillo y mezcle. Guárdelo en un recipiente hermético en un área fresca. Use polvo en hechizos o solo.

Nota: El aire es el elemento primario en cualquier polvo mágico, correspondiente a los signos aéreos de Acuario, Géminis y Libra. Libra inicia el proyecto, Acuario lo fija en un lugar y Géminis lo cambia.

Magnificando esta mezcla

- Realícelo en luna nueva o llena.
- Cuando la Luna esté en Libra, Géminis o Acuario.
- En Beltaine (1 de mayo).
- Cuando el viento esté activo en su área, o venga del Norte.
- Hágalo un miércoles en la hora de Venus.
- Realícelo en el amanecer.

Use el polvo de la siguiente manera:

- Espárzalo en el suelo, particularmente en un corredor, para atraer clientes, un aumento o un ascenso en el trabajo.
- Espárzalo afuera del banco cuando necesite un préstamo.

- Cargue velas de hechizos para éxito y protección de negocios (*véase* el hechizo de los diez dólares).
- Colóquelo dentro de una bolsa de tela con una castaña de Indias. Luego póngalo en un bolso.
- Espárzalo sobre su dinero.
- Agregue un poco a su incienso de dinero favorito.

Aceite de Prosperidad de Morgana

Elementos necesarios: Una semilla de sarapia (dinero, coraje y deseos); tres porciones de aceite de bergamota (también llamado menta naranja; para éxito y dinero, el aceite de bergamota se deriva de la corteza de la fruta que se cultiva en Italia); dos porciones de aceite pachulí (dinero, fertilidad y codicia; el pachulí viene de la India e Indonesia y a finales de 1820 se popularizó en Gran Bretaña, donde era usado para teñir los mantones indios y agregado a la tinta india); una porción de aceite de vetiver (dinero, embrujos de rompimiento y amor); una gota de aceite de piña (dinero, suerte y castidad); aceite de almendra dulce (la base) (dinero y sabiduría).

Instrucciones: Coloque la sarapia en una botella que tenga una forma especial. Llénela hasta la mitad con aceite de almendra dulce, agréguele los otros aceites y mezcle bien. Guárdelo en un lugar seco y fresco. Use el aceite para ungir el dinero, las velas, los papeles de hechizos, etc.

Los aceites están bajo influencia de Escorpión, Piscis o Cáncer. Use Cáncer para iniciar un proyecto, Escorpión para ubicarlo en un lugar y Piscis para cambiar una situación.

Magnificando esta mezcla:
- Realícela en luna nueva o llena.
- Durante una lluvia.
- Hágalo en Navidad (21 de diciembre), Navidad o Chanukah.
- A la media noche.
- Cuando la Luna esté en Escorpión (para intensidad).
- Un domingo a la hora del Sol.

Use los aceites de la siguiente manera:
- Una las velas.
- Junte los objetos físicos.
- Agregue un poco en su incienso favorito para el dinero.
- Este aceite es seguro para el autoungimiento.

Polvo de Pennsylvania Dutch para manifestar el dinero

Si anda en asuntos de hierbas y moliendas, aquí tiene otra receta de polvo de dinero. En las ceremonias Pow-Wow, los cuatros ingredientes listados abajo tienen una afinidad para atraer dinero y salud. A los artistas del Pow-Wow les encantaba usar los encantos de las tres damas (o encanto de los tres ángeles), lo cual se empezaría aquí para mantener el hilo de autenticidad entre las hierbas y el cántico. Los encantos de las tres damas se refieren a la antigua adoración de la diosa en su aspecto de triplicidad; por lo tanto, usted se podría concentrar en cualquier trinidad que escogiera o simplemente puede llamar a las tres damas.

Elementos necesarios: Cinco almendras, trituradas hasta convertirlas a un polvo fino; una porción de cincoenrama (hierba de cinco dedos); una porción de menta seca y una porción de lirios de Florencia.

Para darle a su polvo poder extra, agréguele también un polvo de colores o tres gotas de su aceite favorito herbal o el especial para atraer dinero.

Consejo: Si lo necesita puede usar el microondas para secar las hierbas.

Nota: Puede usar aceite de almendras para ungir los utensilios mágicos y las velas como un agente de empoderamiento para la riqueza, el amor y el éxito.

Instrucciones: El domingo o jueves, en la hora de Júpiter (empresas a largo plazo) o Venus (dinero a la mano), muela los ingredientes con un mortero (o en una licuadora) y diga:

En el nombre de los elementos de la tierra y el aire, se bendiga este hechizo.

Obtenga poderes en el nombre de las tres damas, diciendo:

Tres damas que vinieron de Oriente, trayendo salud y riqueza.

La primera dijo: «Usted necesita algo».

La segunda dijo: «Nosotros hacemos algo».

La tercera dijo: «Le damos riqueza y salud».

Entonces, ¡que así sea!

Repita el cántico tres veces. A medida que lo hace, esparza el polvo en el pasillo, en su cartera, su bolso o en un pedazo de papel donde esté descrito su proyecto. Adiciónelo a otros hechizos sugeridos en este libro o a los suyos propios. ¡Los polvos de dinero, aceites e inciensos son algo muy agradable en días festivos, en el día del cumpleaños o cualquier día! (son especialmente agradables cuando un amigo está desanimado debido a los problemas financieros). Coloque algunas velas verdes y habrá creado un regalo para levantar sus espíritus y compartir sus deseos de prosperidad. (La prosperidad compartida es prosperidad lograda). Marque las velas con el símbolo nórdico tríceps. Si usted aboga por el derecho de alguien a ser próspero y feliz entonces usted obtendrá prosperidad y felicidad en su propia vida también.

Símbolo nórdico tríceps

Magnificando esta mezcla:

- Realícela en luna nueva o llena.
- Realícela un domingo a la hora del Sol o a las horas de Júpiter o Venus.
- Cuando la Luna esté en Aries, pero se magnifica cuando la Luna está en Tauro.
- Hágalo con el primer día del nuevo año.
- Hágalo en Candlemas.

El hechizo Lógico
(si le gustan las cosas un poco más complicadas)

Este hechizo es estrictamente para los adeptos a la magia. Los elementos que use dependerán enteramente del objetivo de su hechizo, por lo tanto necesitará sentarse con un pedazo de papel y determinar:

- Su objetivo general.
- Cuánta gente está involucrada en el logro de ese objetivo.
- Cuántos pasos lógicos se necesitan para lograrlo.
- Con qué clase de energía desea trabajar: tierra, aire, agua, fuego, espíritu, estelar, todas las anteriores o una combinación de los elementos.
- Un «escape» en caso de que quiera romper el hechizo (lo cual es una buena idea para cualquier tipo de hechizo).
- Qué colores se relacionan con su objetivo. Asocie colores con cada paso, individuo o elemento en el proceso

de logro del objetivo (*véase* la sección de color en el apéndice).

- Escoja la fase lunar correcta y la hora planetaria que se relacione con su objetivo.

Elementos necesarios: Una tira bien larga de cuerda; botones de colores que se relacionen con cada paso, individuo o elemento en el proceso de construcción del logro; un botón que represente su «escape».

Nota: Debe enhebrar la cuerda a través de los botones. Debe haber dos botones del mismo color que representen su meta: uno para el inicio y el otro para el final.

Instrucciones: Visualice una luz blanca a su alrededor, al igual que los elementos que piensa usar. (No olvide tener el papel donde se enumeran todas las personas, elementos, energías, pasos, un «escape» y el propósito final). Ate un nudo en una punta de la cuerda y establezca que éste sea el inicio. Deslice el botón del propósito inicial cerca al nudo y haga otro nudo para asegurarlo. El segundo botón (o botones sucesivos, dependiendo de la cantidad que haya escogido) representará las energías que quiere incorporar. Por ejemplo, si quiere trabajar con la energía del aire, puede tomar un botón amarillo (fuego-rojo; agua-azul; tierra-verde; espíritu-plateado; lunar-blanco; estelar-dorado). Diga la energía en voz alta. El botón siguiente representa su primer paso. Repita el paso verbalmente a medida que adiciona el botón. Agregue los elementos, las personas y los pasos sucesivos, atando nudos en cada lado del botón para asegurarlo. Cuando agregue un botón, diga en voz alta el propósito. El botón «escape» va próximo al último. El botón final es el botón del objetivo (que coincide con el color del primer botón en la cuerda).

En este momento ha completado la cuerda de botones. Lleve la cuerda a cada punto cardinal (N, S, E, O). Invoque bendiciones del Espíritu. Coloque la cuerda enfrente de usted y toque cada botón, indicando lo que representa cada uno (está bien si usa su papel cuando tiene un propósito complicado) no rompa el ritmo de su cadencia. No pare hasta que haya alcanzado el botón del objetivo final. Dé las gracias a los puntos cardinales y a las energías que recibió. Trabaje la cuerda de botones cuando quiera, repitiendo la lista de elementos, energías, pasos y personas hasta que haya manifestado el objetivo. Cuando haya sido concedido su deseo, regrese la cuerda al círculo ritual, pida que la magia se disperse y luego corte la cuerda. Quémela y guarde los botones para otro hechizo.

Nota: También puede hacer una cuerda de botones «común», como el rosario de ángeles en mi libro *Angels: Companions in Magick*.[3] Hace años diseñé un hechizo de

---

3. Llewelyn, 1997; sólo publicado en inglés.

Cumpleaños bajo el mismo principio (*Magical Almanac,* Llewellyn 1995; sólo disponible en inglés).

En ese hechizo cada botón representa cada año de nuestra vida. Para propósitos menores (sin muchos pasos) puede usar macarrones de codo, lo cual es también una buena forma de enseñarle a los chicos trucos de magia.

Magnificando este hechizo:
- Realícelo en sus cumpleaños.
- En luna nueva.
- Hágalo el 1 de enero.
- Realícelo el 1 de mayo (Beltaine).
- Cuando la Luna esté en Aries.

La Piedra de la Manifestación

Este ejercicio funciona de una manera similar al hechizo del Cordón Dorado, sólo que éste emplea el uso de una simple piedra pulida y lisa para manifestar sus deseos. Cuando estudié la magia popular de Pennsylvania Dutch, aprendí que las piedras planas tienen una potente y maravillosa energía; sólo tenemos que aceptarla y aprender a trabajar con esa energía.

Instrucciones: Realice una caminata para encontrar una piedra lisa que quepa en la palma de su mano (más o menos del tamaño de su pulgar). Si recientemente alguien le ha regalado una piedra lisa (lo cual es posible), ésta es probablemente su Piedra de Manifestación que el universo le ha concedido a través de un amigo. Lave la piedra con agua de manantial y dele energías en el nombre de su deidad favorita (o patrón) y declare a esta piedra su manifestación.

Siéntese en silencio y comience a rodarla dentro de sus manos (de mano en mano). Cierre los ojos y respire profundamente tres veces. Relájese. Continúe rodando la piedra. Repita en su mente «Ésta es mi Piedra de la Manifestación» cuando le dé un poco de sueño o aburrimiento, diga:

Yo manifiesto _____
(Diciendo lo que quiere traer hacia usted).

Puede escoger un propósito, una forma de vida, una cualidad personal o algo material. Manténgase repitiendo lo que quiere manifestar mientras rueda la piedra en sus manos. Imagínese lo que quiere manifestar. Cuando sienta una oleada de energía o un rápido hormigueo, es suficiente por hoy. Repita el ejercicio todos los días hasta que se manifieste su deseo. No se preocupe por lo que quiere. Si después de veintiocho días su deseo no se ha manifestado, entonces dele energías de nuevo a la piedra y repita el ejercicio. Una vez ha logrado su propósito, lave nuevamente la piedra y establezca un nuevo propósito. Así como con el ejercicio del Cordón Dorado, manténgase practicando con su piedra. Ésta obtendrá poderes a través de su sucesivo uso y usted ganará confianza.

Nota: Si tiene más de un propósito que quiera trabajar simultáneamente, puede usar más de una piedra. Por ejemplo, yo podía trabajar en las mañanas para un propósito pequeño y en la noche para uno mayor, usando dos piedras diferentes. Sin embargo, puede usar la misma piedra para objetivos diferentes. Las piedras no parecen ser meticulosas. A ellas les gusta trabajar.

Magnificando este hechizo:

- Pinte el símbolo del encantamiento del dinero sobre la piedra. Es un símbolo nórdico que significa «mi necesidad es grande».
- Hágalo cuando la Luna esté en Virgo.
- Un miércoles en la hora de Mercurio (si el hechizo involucra el apoyo de mucha gente).
- Un viernes a la hora del Sol, Júpiter o Mercurio, dependiendo de las energías que quiera manifestar.

Símbolo nórdico para el encantamiento del dinero

El Pergamino de la Prosperidad

Me encanta la magia de petición por su simplicidad. Utilizaremos a la diosa celta Rosemerta para la asociación de la deidad. Ella es la deidad de las cosechas y patrona de mercantes y riquezas. También la han asociado con Mercurio celta-romano (aunque es una exageración). Su nombre galo-británico significa «el buen proveedor» y algunas veces es gratificada con una mantequera pero normalmente se la representa con una cornucopia.

Elementos necesarios: Una tira de papel pergamino, de tres pies de larga y una pulgada de ancha; un lapicero de tinta verde; su incienso favorito.

Instrucciones: Dibuje el signo astrológico de Tauro en la parte superior de la tira (♉). Escriba en el papel:

«Madre santa, presénteme lo que pongo en esta lista».

Haga una lista de lo que quiere en el papel (tendrá mucho espacio extra, pero no importa). Enrolle bien el papel para que quede un rollo pequeño. Pase la lista sobre el incienso, repitiendo nueve veces el encanto de arriba. Coloque el pergamino en su bolso/cartera, en su altar, cerca de su escritorio, etc. —puede agregar lo que quiera a su lista y repetir el encanto cuando lo desee—. Cuando el papel esté lleno y usted haya recibido todo lo que pidió, dele las gracias a Rosemerta, queme el papel y empiece una lista nueva.

Magnificando este hechizo:

- Realícelo en Lammas o cuando la Luna esté en Capricornio si los elementos que usted enumeró son para los que usted ha trabajado y si está listo para cosechar los frutos de su esfuerzo.
- Hágalo cuando la Luna esté en Aries o cuando un proyecto se está retrasando y necesita un empujoncito.
- Durante la luna nueva o llena.

Una idea de un hechizo rápido: Debido a la relación de Rosemerta y la mantequera, tome un recipiente de mantequilla vacío, coloque su petición dentro, espolvoréelo con su polvo de dinero y quémelo en un ritual como un ofrecimiento, en el fuego al aire libre.

Incienso para la Riqueza del Hogar

La deidad para esta receta es Dagda (Daghdha), una deidad irlandesa considerado uno de los reyes más grandes de los Tuatha de Danann. Es una deidad padre de todos, un líder militar, un comerciante que puede invocar las estaciones y quien lleva una caldera de abundancia llamada la Undry, capaz de alimentar la tierra. Dagna es conocido como el señor del gran conocimiento del universo. Alguien a quien no se puede faltar al respeto y carga un enorme bate que puede destrozar el cerebro de un enemigo con sólo un soplo. Dagna no es tipo de luces blancas y quimeras. Es retratado cargando un enorme bate o tenedor, simbolizando su control sobre toda la comida de cosmos.

Nota: Invoque a Dagna si necesita dinero para comida, para su huerta u otro aspecto relacionado con su supervivencia física. Es maravilloso si está teniendo problemas con el trabajo.

Como en el polvo del dinero, cada uno de los ingredientes del incienso para la Riqueza del Hogar tiene propiedades mágicas propias.

Elementos necesarios: Tres porciones de olíbanos (relacionados con las deidades solares [Apolo, Adonis, Ra] y lunares [Demeter], el olíbano se ha usado en ceremonias religiosas durante siglos como una hierba de riqueza y purificación); un poco de mirra (sagrada o Afrodita y Adonis [así como Cybele, Hecate, Rhea y Juno], esta hierba también tiene conexiones con la leyenda del fénix y aspectos mágicos del renacimiento); un poco de pachulí (normalmente un ingrediente básico en hechizos de amor y riqueza por su habilidad para traer energías, personas y cosas); media porción medida de pimienta inglesa (usada para cuestiones de dinero, suerte y sanación y un gran aditivo en los pasabocas de Navidad, para traer prosperidad a su hogar); media porción de nuez moscada (otra hierba flexible usada en hechizos de dinero, riqueza salud y fidelidad); media porción de jengibre (el amor, el dinero, éxito, fortaleza y poder son las energías esenciales unidas a esta hierba); un poquito de polvo que haya en la casa (agregado para crear simpatía entre la mezcla herbal y el lugar donde usted vive); un ladrillo con incienso de carbón; una vela azul y una morada.

Instrucciones: El jueves, a la hora del Sol (o al medio día) mezcle los ingredientes. Muélalo con un mortero (o incluso puede usar una licuadora, sólo recuerde lavar bien la vasija cuando haya terminado). Puede invocar en el nombre de Dagna, su deidad patrón, una deidad asociada con la prosperidad (de las cuales hemos nombrado varias hasta ahora) o simplemente invocar en el nombre del Espíritu. Los elementos primarios para este hechizo son la tierra (las hierbas), el aire (el humo) y el fuego (el carbón). Quémelo sobre el ladrillo de carbón frente a un espejo facultado para la protección de la casa y éxito monetario[4] o llévelo por toda la casa, fumigando todas las esquinas (incluyendo el ático y el sótano). Invoque las velas moradas y azules para riqueza y éxito espiritual. Deje que estas velas se quemen completamente. También puede esparcir el incienso en la solera del hogar o en los leños de la chimenea antes de quemarlos por primera vez en el otoño o en la última quema de la primavera.

Si los tiempos han sido particularmente malos, queme una vela negra para eliminar la negatividad.

---

4. *La casa mágica*, por Scott Cunningham y David Harrington. Llewellyn, 2000, segunda impresión.

Magnificando esta mezcla:

- Hágalo en la Pascua de Navidad y la estación Chanukah (magnífico para regalos).
- Realícelo en luna nueva, llena o creciente.
- Hágalo para ese amigo que acabó de comprar su casa.
- En las limpiezas de otoño y primavera.
- Cuando la Luna esté en Virgo, luego refuércelo cuando la Luna esté en Tauro.
- Un domingo para éxito o un lunes o un viernes para las correspondencias asociadas con el hogar.

Limpieza de Suelos para la Prosperidad

Las supersticiones populares en diferentes culturas creen que los suelos y esquinas de las casas atrapan negatividad, especialmente si están cubiertos con arena o polvo, lo cual impide la salud y prosperidad de la unión familiar. Muchas tiendas esotéricas ofrecen enjuagues preparados para suelos que han de ser usados en suelos limpios y secos, chapas o mostradores de los almacenes para aumentar la prosperidad del hogar o establecimiento.

Elementos necesarios: Un balde; un puñado de sal; tres tiras de canela; tres gotas de miel; una cucharadita de cincoenrama; una cucharadita de cáscara de huevo pulverizada; un puñado de violetas, rosas o alhucemas; un limón tajado; una cuchara de madera nueva; una fregona; artemisa (viene en varitas o desmenuzada); una olla a prueba de fuego.

Instrucciones: Lave todo el piso de madera o baldosas con un buen detergente. Déjelo secar. En un balde mezcle la sal, las varitas de canela, la miel, cincoenrama, la cáscara de huevo pulverizada y las flores. Exprima el jugo de un limón y añada dos galones de agua. Mézclelo tres veces con una cuchara de madera nueva. Friegue el piso con la mezcla. Déjelo secar. Barra las hierbas y flores hacia fuera. Encienda la artemisa en la olla a prueba de fuego y esparza el fragante humo en movimientos circulares por las esquinas del cuarto.

Magnificando esta mezcla:

- Cuando escoja el día o el momento para hacer su enjuague de suelo e implementar las energías, tenga en cuenta que la energía de Júpiter se presta para la gran situación y la energía de Venus se manifiesta en dinero rápido.
- Realícelo durante luna nueva o creciente.
- Úselo antes y después de un gran evento social y familiar.
- Úselo en su lugar de negocios.
- Riéguelo en su vehículo.

El Cheque Mágico

Para hacer este hechizo necesitará usar uno de los cheques de su chequera. Escriba un Cheque Mágico con tinta verde por los servicios prestados a usted mismo. No le coloque fecha. La cantidad debe coincidir directamente con el objetivo específico, el cual escribirá en la esquina izquierda de la parte inferior del cheque. Por ejemplo, puede escribir: *Para escribir una ficción popular.* (Eso fue lo que yo escribí). Puede tener una meta de $250 o $50.000, no interesa. Salpíquele canela al cheque. Ciérrelo en la parte trasera y haga una cruz de lados iguales (página 53) ungiéndolo con aceite de dinero. Éste es su Cheque Mágico especial. Lo puede colocar en su cartera o bolso, en una caja o jarra mágica. Luego en cada día de pago escriba un cheque por menor cantidad para usted por los servicios prestados. No tiene que ser mucho –$5 funcionará tan bien como $50–. El caso de pagar usted mismo es un detonador psicológico que le ayuda a afirmar que sí, que usted se *puede* pagar; sí, usted *puede* alcanzar sus metas, y sí, ¡usted *merece* que le paguen! Asegúrese de gastar realmente el dinero en usted mismo, no invertirlo en los hijos, esposa, amigos, hermana o cuñados. Le pertenece a usted. El actor Jim Carrey hizo un cheque para él de $50.000 antes de llegar a ser famoso. Y ya sabes ¡él tuvo que cobrar ese cheque! (y no, él no tomó la idea de mí. Fue por su propia cuenta).

Magnificando este hechizo:
- Si el cheque representa prosperidad en su duro trabajo, proyecto de negocio o pericia bancaria, entonces hágalo cuando la Luna esté en Capricornio.
- Haga el cheque en luna nueva o creciente.
- Rodee el cheque con una vela dorada, una verde y una roja (para acción); encienda las velas durante siete días

desde luna nueva hasta creciente (sólo queme durante todo el tiempo si las velas están en un área segura contra el fuego y no hay niños o animales cerca).

La Rueda de la Fortuna

Aunque aparentemente se ve simple, éste es uno de mis hechizos de manifestación favorito y se considera «viejito pero bueno» en la cultura mágica.[5] Trabajaremos de nuevo con Juno (o Fortuna), ya que ambas diosas están asociadas históricamente con la rueda de la fortuna. ¿Por qué reinventar la rueda? Es diosa. Lo que sea.

Para este hechizo se usarán las runas de Feoh (𝔽) o Gyfu (𝕏) (especialmente si requiere de algo que se da en la compañía de otra persona, como una proposición de negocios).

Elementos necesarios: Un pedazo de papel blanco; lápices de colores; un marcador verde; una lista de sus deseos; agua bendita de manantial; una vela verde.

Instrucciones: En luna llena o creciente, siéntese a la mesa tome la vela verde con sus manos y diga:

Oh criatura de la tierra, ayúdeme a magnificar mis deseos.

---

5. Basado en un hechizo de *Practical Color Magick*, por Raymond Buckland. Llewellyn, 1983.

Encienda la vela y diga:

**Oh criatura del fuego, ayúdeme a magnificar
mis deseos.**

Dibuje un círculo grande en su papel con el marcador verde. Este círculo representa el círculo mágico. Divídalo en tajadas como un pastel, cada una de las cuales corresponda a un deseo. Escriba su deseo con el marcador verde, en cada porción. Con los colores, dibuje una imagen que corresponda a su deseo en cada tajada. Por ejemplo, recientemente encontré una de mis ruedas viejas de colores pegada debajo de mi piedra de altar. Hace dos años, pedí lo siguiente: un ordenador nuevo que satisficiera mis necesidades de escritura; un refrigerador nuevo; camas nuevas para los niños; un auto que cumpliera con mis necesidades de trasporte, que estuviera en excelentes condiciones y que fuera seguro; la rápida publicación de uno de mis libros; la oportunidad de promocionarlos. Cuando revisé la lista me di cuenta que había recibido todo lo que había pedido y más.

En su papel, dibuje cualquier runa u otros signos mágicos que crea sean apropiados o las runas sugeridas antes. Escriba «en el nombre de Juno» en el reverso del papel. Riegue un poco de agua bendita de manantial y diga:

Oh criatura del agua, concédame voluntad y deseo.

Sople tres veces sobre el papel y diga:

94

Oh criatura del aire, concédame voluntad y deseo.

Luego, diga:

Que se manifiesten mis deseos en el nombre de Juno. Entonces, ¡que así sea!

Finalice con una cruz de lados iguales (página 53).

Cuando haya finalizado la rueda de color, imagínese usted mismo rodeando una luz blanca. Presente la rueda de color a las energías de los puntos cardinales (N, S, E, O), rogando bendiciones para sus deseos. Invoque su deidad escogida (en nuestro ejemplo se está usando Juno), nuevamente pidiendo bendiciones. Dé las gracias a los puntos cardinales y a la deidad. Coloque la rueda en un lugar seguro. Yo normalmente escondo mis ruedas de color, de tal manera que cuando las encuentro adelante del camino, puedo sonreír tras la afirmación de haberlo logrado. Cuando descubra dónde ha escondido esa rueda, dé las gracias otra vez a los puntos cardinales y a la deidad. Luego, queme el papel.

Si todavía hay algo que no se ha manifestado (y usted aún lo desea) entonces no queme la rueda de color vieja. En su lugar, haga una nueva rueda de color y péguela en la parte superior de la vieja para que le dé continuidad a la magia previa.

Magnificando este hechizo:

- Convierta la rueda en una estrella; aún mejor, superponga la estrella sobre la rueda. Use los puntos de la estrella para usos más espirituales.
- Realícelo el primer día del Año Nuevo.
- Cambie la rueda de frente, moviendo todas las cosas que quiera que desaparezcan de su vida. Haga este tipo de hechizo un sábado a la hora de Saturno, bajo la oscuridad de la Luna, o en una luna nueva.

Manifestando armonía con los demás: el Recipiente Encantado de Dios

Si usted es comerciante o está involucrado con viajes, comunicaciones o grandes negocios, entonces éste es un hechizo para usted. Hace un tiempo, estaba teniendo problemas con una organización, especialmente en el área de la comunicación. No era que yo estuviera haciendo algo malo, ni que la gente en la empresa fuera mala –simplemente la comunicación no se estaba dando de manera apropiada, y yo lo sabía–. Primero, ensayé todos los conductos regulares de comunicación, pero no parecía llegar a ningún lado. Esta dificultad estaba afectando mi prosperidad y por lo tanto sabía que tenía que hacer algo por esa situación (nunca lo llame problema, llámelo siempre «situación» esto me lo enseñó una de mis antiguas jefas y tenía razón. La forma como se perciben los hechos tiene mucho que ver con el éxito que se consigue, o no, ante el evento). De todas maneras, ¡era hora de mover mis deseos mágicos!

Había muchas cosas que podía hacer. Eso es lo bueno de la magia –usted puede disponer de una gran variedad de opciones– pero yo quería hacer algo especial, por este particular prob…, situación. Con ese fin, diseñé un Recipiente Encantado de Dios, hecho en arcilla y dedicado a Mercurio (dios romano de las comunicaciones, cuya contraparte griega es Hermes) un miércoles durante la luna nueva. Mercurio era también el protector del comercio de maíz en Sicilia, lo cual nos da una buena correspondencia si queremos proteger lo que ya poseemos, también para aumentar nuestro poder comercial. El gremio de los comerciantes se conocía como los mercuriales. El festival anual de Mercurio era el 15 de mayo y los comerciantes se arrojaban entre ellos maíz como un don y sacrificio a la prosperidad, seguido por un buen baño de agua santa.

Tardé un día en hacer la vasija y cuando trabajaba la arcilla me mantenía pensando en el mejoramiento de la comunicación entre la organización y yo. Pensaba en la fiesta de Mercurio y contenía las energías de Mercurio en la mente. El elemento mercurio es conocido como azogue. Los atributos de Mercurio incluyen el sombrero alado, los zapatos alados y el caduceo (dos culebras de palo, simbolizando el arte de sanación). El símbolo astrológico para Mercurio es ☿.

Esa noche escribí exactamente lo que quería que sucediera: *Una comunicación clara y amistosa entre yo y cualquier empleado de la empresa, lo cual conduciría a un éxito mutuo*. Coloqué el recipiente en mi altar y luego el papel en el recipiente, repitiendo mi deseo.

A las veinticuatro horas, surgió una ráfaga de comunicación y la situación se resolvió. Como yo trabajaba frecuentemente con este negocio, mantuve el recipiente estrictamente para la comunicación con cualquier empleado. Cada vez que quería trabajar con ellos, simplemente ponía mi petición en la vasija. Cuando me lo concedía, quemaba el papel y le daba las gracias a la deidad. Cuando terminé mi negocio con esa compañía, rompí la vasija en ritual y le devolví la arcilla a la tierra.

Magnificando este hechizo:

- Haga el recipiente un miércoles a la hora de Mercurio.
- Rodee la vasija con velas de color café y doradas. Préndalas para amistad en cuestiones monetarias.
- Combine el símbolo para Mercurio (☿) y el Sol (☉). Inscríbalos en el recipiente y en las velas.

El hechizo del Huevo y el Azúcar Morena

Desde la hechicería rusa a la magia popular de Pennsylvania Dutch, el huevo ha sido un importante ingrediente en muchas operaciones mágicas. Visto como la manifestación de vida nueva, en Alemania los huevos eran puestos en los campos, en otoño, para asegurar una abundante cosecha para el año siguiente. En Asia y Europa el huevo también se considera un sacrificio apropiado a la muerte y se puede usar cuando se requiera ayuda mágica de esos que están detrás del velo.

La cincoenrama, conocida comúnmente como la hierba de los cinco dedos, figura prominentemente en las prácticas mágicas de Pennsylvania Dutch. Vista como «una mano de ayuda», la hierba tiene diversos usos, desde la protección hasta el aseguramiento de riqueza. Esta hierba también se puede cocinar y enfriar, para usarla en la limpieza de los instrumentos, regarla en las esquinas de cualquier cuarto para eliminar la negatividad o emplearla como agua de unción.

Elementos necesarios: Una porción de azúcar morena; una porción de cincoenrama; una porción de pachulí e incienso; un mortero; un huevo colorado; un marcador de color café; una vela de color café; aceite de almendras. Nuestro esquema de color café es para crear armonía y sentimientos de empatía con el universo.

Instrucciones: Mezcle el azúcar, la cincoenrama, el pachulí en un mortero en luna llena, escriba sobre el huevo lo que más necesita, con el marcador de color café. Puede hacer una lista de varios deseos en el huevo. En un círculo ritual, prenda el incienso. Una la vela de color café con el aceite de almendras. Sostenga la vela en su mano y concéntrese en el deseo que escribió en el huevo. Prenda la vela, tome el huevo y nombre sus deseos en voz alta, diciendo: «**Adelante**» antes de cada deseo. Por ejemplo: «Adelante con abundancia positiva. Adelante con un bolso de muchos bolsillos. Adelante con el nuevo refrigerador. Adelante con armonía». Pida bendiciones a la deidad escogida. Pase el huevo por el incienso, diciendo una vez sus propósitos. Pase el huevo por la llama de la vela, repitiendo sus deseos. Cuando se queme la vela, entierre el huevo en su propiedad. (Si no tiene tierras, use un pequeño recipiente con tierra, pero colóquelo afuera porque el huevo se pudre y puede dejar mal olor en su vivienda). Cave un pequeño hueco en el suelo y vierta el azúcar. Coloque el huevo en la parte superior y a medida que lo entierre, diga:

Doy bendiciones y amor al universo.
Manifiesto un espíritu positivo dentro de mí.
A medida que el huevo se pudre, mis deseos
se manifestarán. Y así es.

Deje que la vela se queme completamente. Como el huevo es un buen regalo para los muertos, usted puede hablar a un ancestro específico cuando formule sus deseos y luego, cuando lo entierre. Si hace esto riegue un poco de pachulí sobre el huevo enterrado (ya que el pachulí también se asocia con el honor a los muertos).

Magnificando este hechizo:
- Realícelo el 1 de agosto (Lammas) o el día en que usted recoja la última parte de la cosecha de su huerta.

- Hágalo bajo el plenilunio de la época de la cosecha.
- Hágalo durante la Pascua, ya que los huevos se asocian con la primavera y usted querrá de pronto usar este hechizo en cualquier ritual de primavera.

El encantamiento del Huevo de la Prosperidad

Este hechizo es un poco más complicado, requiere un poco de destreza de su parte y tiempo, pero vale la pena el esfuerzo.

Elementos necesarios: Un huevo a la temperatura del cuarto; una aguja de zurcir o una navaja para cortar; un corcho, un huevo pintado con tinte verde; un octavo de una cucharita de menta, cincoenrama, y canela; un pequeño mechón de su cabello; un pedacito de imán, magnetizado con trocitos de hierro, o una pequeña piedra porosa; el encantamiento de Silver que usted quiera (mantenga pocas opciones); tres gotas de aceite de dinero.

Instrucciones: Inserte el ojo de la aguja en el corcho. Tome el corcho de una punta, perfore la parte superior e inferior del huevo rotando la aguja y aplicando una presión suave. (Es posible que rompa varios huevos antes de lograrlo, por lo tanto tenga listos varios huevos a la temperatura del cuarto). Haga un hueco en la parte angosta, lo suficientemente grande como para que los ingredientes quepan. Saque el contenido del huevo por el lado ancho para aliviar la tensión en el lado angosto. Cuando el contenido del huevo empiece a derramarse, bata el huevo arriba y abajo para apresurar el flujo. Cuando lo haya vaciado, pinte la cáscara. Después de que le aplique la tintura, seque la cáscara al sol. En una ceremonia de prosperidad escrita por usted mismo, agregue las hierbas y otros objetos pequeños. Dele poderes a todo el Huevo de la Prosperidad en general. Agregue el aceite de dinero y colóquelo en su altar u otro lugar seguro de su casa. Hágalo nuevamente cada año.

Magnificando este hechizo:
- Emplee este hechizo en Boltaine o el primer día del año.
- Agregue los símbolos astrológicos de Tauro para mayor energía a largo plazo; Géminis para un cambio rápido de suerte; Aries si durante un tiempo necesita una ayudita extra; o Escorpión por su intensidad (*véase* apéndice).

Ganar un asunto judicial relacionado con recibir dinero

Este hechizo sólo funciona si usted va a recibir dinero de un asunto judicial.

Elementos necesarios: Una vela azul (para la paz en su prosperidad); una roja (para la acción rápida); un trozo de jabón azul; los nombres de todos los involucrados en el juicio, incluyendo los que están en su contra; un vaso de agua; una pequeña cantidad de aceite de limón.

Instrucciones: Si puede, empiece este hechizo siete días antes de ir al juzgado. Escriba los nombres de las personas listadas arriba, en la barra de jabón. Coloque el jabón en el vaso de agua. Encienda las velas azules y rojas, pidiendo un juicio justo. Invoque a los cuatro arcángeles –Miguel, Rafael, Gabriel y Uriel– pidiéndoles protección y persuasión en el caso. Deje que las velas se quemen completamente. Cuando haya terminado el caso, tire el agua y el jabón. Unte aceite de limón en sus manos y en la suela de sus zapatos antes de ir al juzgado.

Magnificando este hechizo:
- Hable con su ángel guardián antes de ir al juzgado y manténgase hablando con él mientras está allí.
- Pídale a los ángeles de la justicia que le ayuden cuando entre en el juzgado.

Lance los dados

¿Alguna vez ha tenido la sensación de que lo que está a punto de hacer con su dinero o un trabajo que está tratando de conseguir, puede ser sólo suerte? Este hechizo le ayuda aumentar sus posibilidades de éxito en cualquier proyecto.

Elementos necesarios: Dos dados; aceite de dinero; un imán; una bolsa de tela roja; una vela roja y un pedazo de papel.

Instrucciones: Escriba exactamente lo que quiere en el papel. Unte la vela con aceite de dinero (u otro tipo de aceite para atracción), encienda la vela pidiendo ayuda del Espíritu en esta aventura desconocida. Unte el lado de la misma manera, pidiendo ayuda. Dele poderes al imán para que le traiga buena fortuna. Mueva y tire el dado siete veces, pidiendo que las oportunidades a su favor se fortalezcan y las negativas disminuyan. Coloque el dado, el pedazo de papel y el imán en la bolsa roja. Deje que la vela se queme completamente. Lleve la bolsa consigo. El dado lo puede lanzar en cualquier momento repitiendo su petición. Recargue la bolsa de poder en cada luna llena (incluso si no usó la original en luna llena).

Ayudando a que crezca su cuenta bancaria y otras inversiones

Los niños disfrutan con este hechizo. Éste es un método fácil para enseñarles visualización creativa y hacer que su cuenta bancaria produzca cantidades de dinero. El signo astrológico de Capricornio controla el dinero y las actividades financieras. Coloque el símbolo de Capricornio (♑) en la parte superior de su formato.

Elementos necesarios: Un cartel; lápices de colores o marcadores; su último extracto bancario; papel de construcción verde y adhesivo.

Instrucciones: Busque su último extracto bancario o informe de inversión. Escriba el número de la cuenta en la parte trasera del cartel y haga un círculo alrededor del número para proteger las inversiones que ya ha hecho. En la parte frontal dibuje un árbol grande con muchas ramas. En la parte alta del árbol escriba su objetivo monetario. En la parte inferior escriba su saldo actual. Corte trescientas sesenta y cinco hojas. (Puede cortar hojas pequeñas o si la idea le molesta, puede usar dinero de mentira o calcomanías de hojas). Ponga sus manos sobre las hojas y el cartel y diga:

Cada día en que agrego una hoja, mi saldo crece.
Cada día agrego una hoja, hasta que logro
mi propósito.
Sin hacerle daño a ninguno, entonces, ¡que así sea!

Cuelgue el cartel en un lugar destacado. Todos los días péguele una hoja al árbol, visualizando como sus cuentas bancarias crecen hasta alcanzar su objetivo. Repita el hechizo cuando cuelgue la hoja. Cuando haya logrado su propósito o ya hayan pasado los trescientos sesenta y cinco días, queme el cartel. Comience uno nuevo con el propósito inicial (si todavía está trabajando hacia ese propósito) o establezca un nuevo objetivo.

Magnificando este hechizo:

• Constrúyalo dos semanas después de que empiece el colegio (la primera semana está muy ocupada; en la tercera semana las cosas se normalizan para que usted presente el proyecto a sus muchachos).

La Calabaza de la Prosperidad

Este hechizo requiere que usted sea un poco previsor y reúna algunas calabazas durante la estación de la cosecha. Si tiene buena mano para cultivar, quizás querrá plantar algunas calabazas en su huerta durante los meses de verano. Yo no tuve suerte al cultivar las calabazas y al final las compré en una tienda. En los meses de invierno, seque las calabazas en su ático, sótano o garaje —cualquier lugar que sea fresco y seco—. Algunas veces, las calabazas se llenan de manchas cuando se están secando, pero aún sirven. Así que no las descarte.

Elementos necesarios: Una calabaza seca; cuerda o alambre delgado; una porción de hierba de la sangre del dragón; una porción de semillas de mostaza; un poco de artemisa; algo de cincoenrama; cinco monedas nuevas; cinco granos de maíz seco.

Instrucciones: Corte la parte superior de la calabaza con un cuchillo afilado. Abra un hueco de media pulgada hacia los lados. Inserte el alambre por los huecos dejando un lado colgando. Asegure el alambre torciéndolo. En luna llena mezcle la sangre de dragón, la semilla de mostaza y la cincoenrama. Habilítelo para protección de sus finanzas y futuras propiedades. Póngalo en la calabaza y agregue las cinco monedas nuevas y los cinco granos de maíz seco. Ponga sus manos sobre la calabaza, ore y diga su deseo para la abundancia futura, cosechas positivas y protección para lo que ya posee. Bajo luna llena, cuelgue la calabaza afuera de su puerta principal.

Si quiere decorarla, puede pintar la parte externa de la calabaza de verde o azul y agregue sus sigilos mágicos favoritos para la prosperidad.

Magnificando este hechizo:
• Hágalo durante luna llena o nueva.
• Durante su celebración de Lammas, equinoccio de otoño, a Samhain.

La Concha de la Prosperidad: combinación simple

La deidad principal para este fácil hechizo es Yoruban Oshun, diosa de las aguas dulces. Así como se ha encontrado en varias diosas, Oshun tiene muchos nombres y muchas caras. Como Oshun Ana (*Ana* significa «primera diosa») es la diosa de la lujuria y el amor. La leyenda original alrededor de esta deidad indica que ella nació en las cabeceras del río Oshun, de aquí su relación con las aguas

dulces de los ríos, arroyos y pozos.
Se dice que cura a los enfermos y
la infertilidad con su esencia
de amor. Como Oshun Te-
largo, es vista como la mo-
desta y como Oshun Yeye
Moro, es una formidable seductora. Su contraparte masculina es Chango (Shango), dios del trueno (algunas veces
la ven como su hermana o amante). Los dioses y diosas
africanas son diferentes, por lo que ellas exigen ofrendas si
usted desea sus bendiciones. A Oshun le encantan las calabazas, los dulces, el oro, las rosas amarillas, las velas amarillas y muchas cosas en general; sin embargo, cuando le dé
algo a Oshun, no puede quitárselo. El objeto le pertenece
para siempre y se sabe que maldice a los que incumplen
sus promesas o le quitan sus ofrendas. Los devotos de
Oshun usan perlas de ámbar, así que si tiene una pieza
de ámbar, es un maravilloso regalo para esta diosa. El
día de Oshun es el viernes bajo el planeta de Venus.

Nota: Las deidades africanas son muy exigentes. O trabajan con usted o no. Muy similar a la celta Morrigan, las
deidades africanas lo escogen a usted. Así que no tiene el
gusto de escogerlas. Otros dioses y diosas que usted puede
escoger en este hechizo son Juno (romana); Rosemerta
(celta); o Dadga (celta).

Elementos necesarios: ¼ de onza de rosas en botón;
de ¼ onza de semillas de sarapia; ¼ de onza de canela;

dos onzas pulverizadas de lirio de Florencia; ¼ de onza de menta seca; ¼ de onza de cáscara de naranja seca; dos vasijas de cristal (no use metal o su fragancia se perderá); una cuchara de madera; una jarra grande de cristal con un tapón de corcho o de cristal; diez gotas de aceite de dinero y un caracol grande.

Instrucciones: Triture la sarapia. En la vasija grande combine la sarapia, la canela, el lirio de Florencia y la menta (la raíz del lirio de Florencia es fijativo; sin esta hierba, su mezcla perdería rápidamente su fragancia). En la otra vasija, triture suavemente los retoños de rosa. Mezcle ligeramente todos los ingredientes con la cuchara de madera. Agregue el aceite de dinero a los ingredientes secos y bátalo de nuevo en el sentido de las manecillas del reloj, visualizando la prosperidad que llega a su casa o lugar de negocios. Trasfiera la mezcla a la jarra de vidrio y cúbrala. Deje que la mezcla se asiente durante dos semanas en un lugar fresco y oscuro. Agítelo día de por medio. Cuando crea que la mezcla ya está lista, viértala en el caracol y lo coloca en un altar dedicado a Oshun. Guarde el residuo de la mezcla para su Muñeco de la Prosperidad o Bolsa de Conjuros.

Magnificando este hechizo:
- Déjele una ofrenda a Oshun al lado de agua dulce.
- Mézclelo en un día de mitad de verano.
- Mézclelo en luna llena o creciente.
- Si necesita dinero desesperadamente, puede colocar cinco rosas amarillas en un galón de agua y luego

queme una vela amarilla, pidiéndole a Oshun que el traiga dinero lo más pronto posible. No olvide su ofrenda.

El Muñeco de la Prosperidad

Los muñecos son efigies de tela, arcilla o cera que funcionan a través de magia receptiva[6] y se puede usar para diversas pruebas mágicas. Los muñecos pueden ser una de las aplicaciones mágicas femeninas más antiguas, nacida de los encantamientos de las madres del Medio Oriente, hechos de arcilla y sangre menstrual, diseñados para proteger niños. Estos muñecos también servían como sustitutos en los sacrificios en varias regiones bajo la influencia celta. La idea era devolverle a la madre Tierra lo que ella le dio a su gente en forma de un muñeco de maíz, un espantapájaros o una efigie de mimbre. Gran parte de la magia del muñeco implica agregar algo que pertenece a la persona que representa, como su cabello, uñas, sangre, tierra de sus huellas o un trozo de su ropa preferida. Aquí, se hará un muñeco que lo representa a usted y trabajará para su prosperidad personal.

Elementos necesarios: Dos fieltros verdes cuadrados; hilo rojo; un pedazo de cartulina; un lápiz; una foto pequeña

---

6. Las cosas que comparten energía, características o similares.

suya; un pedazo de su cabello o uñas; un marcador negro; cuatro monedas extranjeras.

Instrucciones: Dibuje en la cartulina un patrón con apariencia masculina o femenina. Éste es usted y el dibujo será su modelo para recortar las dos piezas de fieltros. Corte el modelo y póngalo sobre los dos fieltros y recorte la figura. Use el hilo rojo para unir las tres cuartas partes del muñeco. El rojo activará la energía verde de la prosperidad del muñeco. Hágale un hueco grande para rellenarlo con su foto, las hierbas y el trozo de cabello. Coloque una moneda en cada brazo y cada pierna y cósalo.

Coloque sus manos sobre la figura para atraer prosperidad y abundancia positiva, rogando bendiciones a la divinidad. Cuélguelo en un lugar seguro y cambie las hierbas cada seis meses.

Magnificando este hechizo:

- Rodee el muñeco con velas rojas para invocar gran acción.
- Haga las figuras como un proyecto de grupo; luego únalo a una correa. Baile la danza en espiral a mediados de verano.
- Realícelo cuando la Luna esté en Tauro para fijar y obtener lujos.
- En luna nueva o creciente.

El encantamiento de la Prosperidad o Bolsa de Conjuros

Este hechizo trabaja de la misma manera que el Muñeco de la Prosperidad, con una diferencia vital; el color de la bolsa debe ser roja y el hilo verde. La bolsa puede hacerse de hilo de tal manera que cambiar las hierbas cada seis meses sea una tarea fácil. Recuerde agregar su foto y un imán para aumentar la manifestación. Incluso usted quizás querrá agregar un poco de la hierba de san Juan para proteger sus riquezas futuras. Para dinero rápido hágalo en la hora de Venus. Para expansión a largo plazo, realícelo en la hora de Júpiter. Lleve la bolsa en su bolsillo, bolso o maletín.

Obtener un préstamo bancario

Este hechizo se usa para cualquier transacción en la cual usted desea recibir dinero del banco (en forma legal, por supuesto).

Elementos necesarios: Una vasija pequeña de agua; cinco velas amarillas flotantes; una rosa amarilla; cinco hojas de menta; un pedazo de papel con el nombre del banco; monedas que equivalgan a un dólar.

Instrucciones: Antes de solicitar el préstamo, vaya al banco y cambie un billete de un dólar (o su denominación local) por monedas. Usted usará estas monedas para el hechizo. El día que firme la solicitud, comience el hechizo. Ponga la vasija en la parte superior del nombre del banco y las monedas en el fondo de la vasija. Agregue las cinco hojas de menta al agua y encima de la rosa. Al mediodía encienda una de las velas flotantes y colóquela en la vasija. Concéntrese e imagínese al banco otorgándole el préstamo con la mejor tasa de interés posible. Invoque a su ángel guardián y deje que se quemen las velas. Todos los días durante los cuatro días siguientes, coloque otra vela encendida en la vasija, al mediodía invoque a su ángel guardián. No vaya a quitar las velas que no alumbran más. Después de haber recibido el préstamo, dé las gracias a su ángel guardián. Guarde las velas que le queden por si tiene algún problema más adelante, al pagar el préstamo, puesto que ellas lo conectan físicamente con el préstamo. También podrá usar las velas sobrantes para que le ayuden a pagar las cuentas del momento, o eliminar su deuda total.

Magnificando este hechizo:
- No firme ningún documento o solicite el préstamo cuando la Luna este fuera de curso o cuando Mercurio esté retrógrado.
- La luna en el primer y segundo cuarto favorece al prestamista, en la tercera y cuarta le favorece al solicitante.

Hechizo para el éxito en los negocios

Si usted tiene sus propios negocios o es independiente de alguna manera, aquí hay un gran hechizo para darle a su nuevo o viejo negocio un empujón.

Elementos necesarios: Un plato grande; ¼ de taza de harina de maíz; siete monedas extranjeras; una bolsa roja pequeña de franela; elija a su gusto incienso para la prosperidad; escoja a su gusto aceite para el dinero (si usted no tiene aceite para el dinero, utilice aceite de oliva o de almendras); una vela verde, amarilla, roja y azul; una piedra imantada (puede sustituirse por un imán). Escriba el nombre de su negocio (o lo que es el negocio) en un pedazo de papel. Talle el símbolo del Sol (☉) sobre cada vela.

Instrucciones: Se unge cada vela con aceite. Ponga el nombre de su negocio por debajo del plato. Rocíe el plato con harina de maíz, pidiendo bendiciones a la diosa de las cosechas. Coloque las siete monedas extranjeras sobre la harina de maíz en forma de cruz, cuatro monedas horizontalmente y cuatro verticalmente. Coloque la vela verde en la parte superior, la amarilla a la derecha, la roja en la parte inferior y la azul al lado izquierdo de la cruz. Coloque la piedra imantada directamente en el centro del arreglo. Encienda las velas comenzando por la vela verde, pidiéndole a la diosa de las cosechas que le traiga éxito a su negocio. Prenda el incienso repitiendo su petición. Deje que las velas y el incienso se quemen completamente. Coloque las monedas, la piedra imantada y la harina de maíz en la bolsa roja. Lleve la bolsa roja con usted lo más que pueda o colóquela en alguna parte en su negocio. Repita este hechizo cada seis meses o cuando sienta la necesidad.

Regalos y riesgos

Es cierto, los regalos no existen. *Siempre* debe existir un intercambio igual de energía entre usted y otra persona sin importar el evento, situación o necesidad. Si no hay intercambio igual, usted sufrirá después. ¿Significa ello que no se puede ser caritativo? No del todo. Yo dije «intercambio igual de energía» no necesariamente unos honorarios monetarios por sus servicios. Muchos de nosotros fuimos educados con la idea de que la caridad es la expresión más alta de dar, lo cual es cierto en el ámbito espiritual. Lo que resulta realmente molesto es el comportamiento de muchos individuos quienes sienten que deberían recibir algo por nada, simplemente porque ellos respiran. Cuando usted trate de equilibrar sus finanzas, no sea tan generoso a tal punto que se exceda o permita que usted mismo se exponga a estafas o pérdidas de dinero. Si algo parece ser mucho, quizás es demasiado bueno para ser realidad. Utilice una herramienta de adivinación, consulte fuentes exteriores que tengan conocimiento de un individuo, corporación o institución financiera y háblele a su ángel guardián antes de que usted corra cualquier riesgo con su dinero. Finalmente, el adagio de Shakespeare de «ni prestatario ni prestamista» debe volverse un mantra mágico en cualquiera de sus transacciones financieras tanto como sea posible. Mi adagio es «nunca pidas prestado dinero a un amigo y nunca le prestes dinero a un amigo». Si deseas dar un regalo a alguien, eso es diferente, pero deberle a los amigos, o tener amigos que le deban conlleva toda clase de problemas emocionales molestos. No dude en alejarse de ellos.

Trucos rápidos para manifestar prosperidad

Hacer hechizos, ceremonias y ejercicios para mejorar su prosperidad es fantástico cuando usted tiene tiempo. ¿Qué puede hacer cuando usted ha estado trabajando fielmente para aquella manifestación o truco de eliminación y tiene que realizar un viaje, tomar un autobús, acudir a una cita o hacer una tarea? Algunas veces no hay suficientes horas en un día. A continuación le daremos consejos rápidos que le darán mayor seguridad y que permitirán que la prosperidad flote libremente a través de su vida. Estos trucos rápidos no reemplazan su trabajo mágico regular, pero serán útiles para dejar que las cosas continúen a un ritmo constante.

- Coloque algas marinas secas debajo del tapete de la parte más concurrida de su casa para que usted obtenga suerte y prosperidad.
- Lave sus ventanas con amoníaco y vinagre para obtener las bendiciones del viento.

- Compre un reloj regulador (u otro mecanismo de tiempo que repique). Cuando
los repiques suenen cada hora, repita
su afirmación favorita para la prosperidad.

- Coloque muebles u otros objetos decorativos en las esquinas de su habitación
para mantener la energía fluyendo suavemente.

- Pinte de negro la parte interior de la puerta del baño y
manténgala siempre cerrada para evitar que la prosperidad fluya fuera de su casa.

- Utilice una piedra con agujeros (las piedras con agujeros naturales se encuentran a la orilla del mar o en
el fondo de los ríos) para atraer energía positiva hacia
usted.

- Rocíe cincoenrama en el fondo de su billetera, mo-
nederos, caja de caudales, para que tenga una mano
protectora en el departamento de prosperidad.

- Haga burbujas con un pitillo en el café de la mañana
para que tenga un próspero día (no estoy bromeando).

- Para obtener algo en particular, dibuje un pentáculo
sobre un pedazo de papel. Escoja una imagen que represente su deseo y pinte su nombre en el revés de la
imagen. Coloque el objeto en el centro del pentáculo.
No lo toque hasta que usted reciba lo que desee. En-
ciérrelo con un círculo de sal para mayor protección si
lo desea.

- Para cambiar su suerte, añada una cuchara sopera de
nuez moscada a seis tazas de agua hirviendo. Déjelo

reposar tres horas. Utilícelo como ungüento para el cuerpo o agréguelo a un baño ritual. Si usted es sensible a cosas inusuales en el agua para baño (yo lo soy) entonces puede utilizar un enjuague mientras está en la ducha.

- Esparza polvo brillante en los escalones de su entrada para atraer prosperidad a la casa.
- Compre un libro de feng shui (el arte chino de equilibrar) y combínelo con sus trucos para la prosperidad.
- Comience sus proyectos cuando la luna está creciente.
- Firme papeles, contratos, acuerdos importantes cuando la luna esté en creciente.

Trucos rápidos para el dueño de un negocio

- Envuelva tres monedas extranjeras en un trapo de color oro. Colóquelo en la caja registradora.
- Clave en un diente de ajo nueve alfileres y cuélguelo en la puerta principal.
- Pegue un billete de gran valor alrededor de una raíz de mandrágora y colóquelo cerca de la caja registradora.
- Llene un muñeco con tres billetes de un dólar y tres monedas extranjeras. Escóndalo debajo del mostrador cerca de la caja registradora.
- Limpie su tienda, área de ventas o escritorio todos los días con agua limpia bendita o con salvia. Asegúrese de limpiar el suelo para atraer un flujo constante de clientes.

- De un juego de cartas regular, escoja el as, el diez, el nueve y el siete de diamantes. Úntelos con aceite para la prosperidad y colóquelos en su monedero o bolsillo. Cámbielo una vez cada luna llena.
- Sumerja un diente de ajo en su aceite mágico para el dinero. Cuélguelo directamente debajo de su caja registradora o en el escritorio donde usted trabaja.

Aprenda a seguir su corazonada

A través de este libro, les he dado bastante información sobre deidades, hierbas, colores de velas, fases de la Luna, energías planetarias, etc. No dude en experimentar con esta correspondencia. La Luna en los diferentes signos es un tipo subjetivo de magia y no puede trabajar lo mismo para cada persona. Aprenda a seguir su corazonada. Por ejemplo, todo podría ir muy bien, usted está trabajando con la luna nueva y con la luna creciente…, es un día o semana adinerada. Y de repente siente como si tuviera energías negativas, pero no es la luna menguante y hoy es viernes, el día del amor. ¿Debería esperar y no seguir su instinto? No. Siga adelante y haga lo que su ser interior le esté diciendo que debe hacer. No se deje confundir porque se sienta de una u otra forma. Coja una vela negra. Enróllela con cinta roja. Queme la vela y pídale al Espíritu (o la deidad que haya escogido) que disipe cualquier energía negativa a su alrededor.

¡Ya es hora que le eche un vistazo a las fórmulas diseñadas para hacer desaparecer la pobreza (si todavía no lo ha hecho) y aprenda cómo convertir la energía de la luna menguante en un éxito financiero!

4
Desterrando la Pobreza

En los últimos dos capítulos hemos trabajado sobre el tema de la manifestación. En esta sección vamos a trabajar sobre cómo expulsar las energías negativas que lo rodean, así como también en cómo darle una buena imagen a su estado financiero actual y sobre cómo se puede trabajar, inclusive con el problema monetario más enredado, de una forma positiva.

Se dice que se enseña mejor aquello que más se necesita aprender y este pequeño adagio popular se ha comprobado por sí mismo numerosas veces en mi vida. Los hechizos que aparecen en este capítulo son mi regalo para usted, diseñados y probados por mí en más de una ocasión, aun durante los malos ratos en mi vida. Sé que funcionan. He trabajado incansablemente en cada correspondencia, cada fase de la Luna y cada ofrenda usada para cada uno de los hechizos, hasta estar completamente segura de que la técnica es perfecta. He contactado telefónicamente y en persona a individuos que llevan décadas de entrenamiento en una u otra religión mágica, con el fin de hacerles consultas acerca de la magia y de la prosperidad.

Ninguno de estos hechizos representan, por sí solos, soluciones rápidas y definitivas para su seguridad financiera, pero cada uno cubre una faceta de aquello que usted puede estar experimentando y que va a cambiar. Si usted lleva al cabo estos hechizos con plena confianza, al mismo tiempo que desarrolla su trabajo de manifestación, puede estar seguro de que alcanzará el éxito en el aspecto de independencia financiera. Yo ya lo hice.

Mientras trabaja alguno de estos hechizos, puede tener contradicciones con sus creencias o que sobrevenga un sentimiento de escrupulosidad. Esta repuesta subconsciente (o consciente) es el resultado de sus asociaciones negativas con sus gastos.

Elimine este sentimiento y enfréntelo resueltamente. No expulse el sentimiento negativo sin haber enfrentado esa emoción –porque no es más que eso, solamente una emoción–. No se rinda. Finalice cada hechizo diciendo:

Mis gastos no me obligan a sufrir física, mental o espiritualmente. Entonces, que así sea.

Si usted es como yo, le parecerá muy difícil que sus gastos sean sólo una manifestación temporal de sus acciones previas y puede ser que entre en conflicto mental y emocional contra lo que considera que es el fin del mundo. Durante mis primeras tres semanas de cambiar de actitud frente a mis gastos, tenía que repetirme mis afirmaciones muchas veces, puesto que mis pensamientos y mis acciones eran el resultado de mis propios años de autoprogramación negativa.

Para vencer mi actitud relacionada con el destierro de mis gastos, empecé en luna nueva, encendiendo una vela negra y diciendo:

Gran señor y señora del universo, ayúdame
   a incrementar mi conciencia y en la desaparición
   de mis deudas. Entonces, que así sea.

Me visualicé tornándome más compasiva, menos crítica y libre de deudas. ¡Ahora es su turno!

Purificaciones rápidas

Algunas veces necesitamos de una limpieza rápida. Por ejemplo, esta noche terminé de pagar mis deudas y, aunque estoy orgullosa de haber pagado todos mis gastos y aún tener algún dinero de sobra, todavía me sentía un poco insatisfecha emocionalmente. Éste es el momento de hacer una limpieza rápida.

- Queme salvia utilizando el humo para eliminar las energías negativas.
- Riegue agua bendita de manantial por toda la casa.
- Sostenga un huevo bendito por toda la casa, imaginando que la negatividad se va introduciendo en él. Tire bien lejos el huevo.

Ahora que ha limpiado su cuerpo, mente y alma y le ha abierto las puertas a las energías positivas para que lleguen hasta usted, es el momento para profundizar en la eliminación total de esas deudas de su vida.

El hechizo para el Desesperado

Antes de comenzar a trabajar metódicamente en el interior de su deuda, tal vez pueda necesitar un hechizo rápido para lograr que usted se incline hacia la dirección correcta. Si hay un cobrador en la puerta o están a punto de recogerle un cheque que ha sido rechazado por el banco (recuerde que eso suele ocurrir), aquí está el hechizo que lo ayudará a salir del aprieto. Le advierto, aunque esto no significa que se va ya a salvar del lío en que está, que le ayudará a aliviar la presión financiera hasta que usted pueda arreglar esa situación.

Elementos necesarios: Tres velas verdes; seis velas marrones; un plato con agua; una piedra magnética (también puede usar un imán); un paquete de agujas; cuatro huevos; hojas de menta trituradas.

Instrucciones: Otórguele el poder a las velas verdes y marrones para que le concedan la cantidad de dinero que necesita desesperadamente. Con un alfiler o con una aguja, talle el número correspondiente a esa cantidad en cada una de las velas. Coloque una vela verde en medio de dos velas marrones (ponga las demás velas a un lado para usarlas durante los siguientes días). Asígnele el poder a los huevos para que alejen la negatividad de usted y de su casa. Coloque la piedra magnética en el plato con agua. Eche la menta triturada. Coloque sus manos encima del plato y pida esa cantidad de dinero que especificó que necesitaba. Esparza las agujas en el plato (la piedra magnética las atraerá). Encienda las velas diciendo: «**Deuda, dispérsate; dinero, acumúlate**». Pronuncie, por tres veces consecutivas y en voz alta, la cantidad de dinero que necesita. Tome los cuatro huevos y coloque cada uno de ellos en cada una de las esquinas de su casa. Deje que las velas se quemen completamente. Espere veinticuatro horas. Esparza las agujas frente a usted y camine hacia atrás pidiendo que la prosperidad llegue a su puerta. (Si usted es del tipo retentivo psíquico, puede dejar las agujas en cualquier metal diferente del aluminio). Deje los huevos ubicados en las cuatro esquinas de su casa durante siete días (no los vaya a romper), después aléjelos de su propiedad. Limpie la piedra magnética y colóquela en un lugar aparte para usarla de nuevo en otros hechizos. Repita la sección de la quema de las velas de este hechizo durante tres días consecutivos.

La Caja Mágica de las Cuentas

Usted sabe que tiene que pagar sus facturas, pero dejarlas esparcidas encima del escritorio, donde se convierten en constantes recordatorios de su inseguridad financiera, no es la mejor idea del mundo. Tampoco es una buena idea llenar un sobre de manila con todas sus facturas de crédito y guardarlas apretadamente en el armario. Aunque las facturas desaparezcan de su vista (y de su mente, con toda seguridad), usted solamente se olvida de que existen, lo cual tampoco resultaría ser algo bueno para su bienestar económico. Yo decidí encontrar un lugar positivo para colocar mis facturas de crédito hasta que las pudiera pagar, eliminando la negatividad que producen y evitando que en el futuro gaste más de lo necesario: todo eso al mismo tiempo.

En este hechizo uso el color negro (un repelente universal) y un espejo mágico con el poder para ahuyentar la negatividad. Los cuentos tradicionales le atribuyen toda suerte de poderes a los espejos, incluyendo la creencia de que a través de un espejo se puede observar el reflejo del alma de uno mismo o de las demás personas. También se creía que los espejos podían reflejar o, a veces, absorber negatividad. Para esto los vamos a usar exactamente en este hechizo.

La diosa de la energía utilizada en este hechizo es Juno Moneta, la diosa madre de los romanos, a quien se tiene como la guardiana de la familia y la protectora del comercio y de los viajes. Las monedas de metales preciosos fueron acuñadas en la época de Capitoline (sin embargo, algunas referencias históricas indican que el dinero fue acuñado en el templo de Juno Moneta), así pues, el dinero podría llevar en sí mismo la bendición de la diosa. Se cree que sus monedas llevaban la energía de la buena fortuna y de la salud. Juno está conectada con la Luna, haciendo de su asociación con la magia lunar una entidad fuertemente poderosa. Aquellas personas que veneraban el panteón romano creían que todas las mujeres tenían su «Juno» personal, a quien le rendían homenajes en sus cumpleaños, fiestas en las que cada hombre sacaba a relucir su «genio» personal. Al igual que muchas diosas, Juno tuvo muchas caras (o facetas) para su personalidad. En el homenaje a Juno Unixia, las mujeres de las casas ungían las puertas, pidiendo bendiciones, prosperidad y protección para aquellos que vivieran allí dentro. Juno tiene dos días de fiesta, el 1 de marzo, en honor de las mujeres casadas y, el segundo, el 7 de julio en actitud de respeto por haber salvado a los romanos durante una época de guerra. El animal favorito de Juno es el ganso.

Ahora utilizaremos los clavos triturados, excelentes para desterrar la negatividad, proteger las riquezas y atraer dinero.

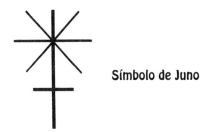

Símbolo de Juno

Elementos necesarios: Una caja de zapatos bien resistente (o una caja coloreada); una brocha para pintar; dibujos decorativos, que contengan mucho color negro; un marcador negro; pegamento; sus dibujos favoritos; media onza de clavos machacados; seis espejos pequeños (los puede conseguir en una tienda de artesanía por tan sólo unos pocos dólares como sustituto, corte seis pedazos redondos de papel de aluminio); un pedazo pequeño de oro o de plata (pueden reemplazarse con un disco pequeño de papel aluminio liso; la primera vez que diseñé este hechizo, usé el papel aluminio para remplazar los espejos y el disco pequeño, y el hechizo funcionó muy bien).

Instrucciones: Usando el marcador negro, dibuje en el dorso de cada espejo una cruz de brazos iguales. Pinte la parte de adentro de la caja de negro, incluyendo la parte de la tapa que queda hacia dentro. Déjela secar bien. Pegue los seis espejos dentro de la caja, uno en cada lado. Déjelos secar. Concédale el poder al lado de adentro de la caja para que absorba la negatividad. Decore toda la parte exterior con sus dibujos y fotos favoritas. Pegue el pedazo de oro o plata encima de la tapa de la caja. Lleve la caja hacia los cuatro puntos cardinales de la casa (N, S, E, O) empezando en el Este y pídale bendiciones de prosperidad y la habilidad para pagar lo que debe, a tiempo y sin que se presenten circunstancias negativas. Coloque las manos sobre la caja y diga:

Graciosa Juno, suprema diosa madre.
En su nombre le concedo el poder a esta caja para
que absorba toda la negatividad relacionada
con mis finanzas y con las facturas que coloque
aquí dentro.

Le pido bendiciones para el futuro, tanto para la
buena fortuna como para la salud y que cada
centavo que gaste regrese a mí por triplicado,
de manera que todas las deudas sean pagadas
rápidamente.

Espejos mágicos, consuman toda la negatividad
que sea enviada hacia mí desde cualquier lugar
relacionado con estas facturas y devuelvan esa
negatividad hacia el lugar de donde provenga.

¡Sin que le haga mal a nadie, entonces, que así sea!

Coloque su caja encima de su escritorio, armario o en el
mostrador de la cocina —en cualquier lugar al que tenga
acceso fácilmente cuando llegue el momento de pagar
sus facturas de crédito—. A medida que le vayan llegando
las facturas, colóquelas en la caja hasta que usted esté listo para pagarlas. Tan pronto como coloque las facturas
dentro de la caja, puede decir lo siguiente:

Graciosa Juno, suprema diosa madre.

Por favor, erradique cualquier negatividad
proveniente de esta factura. Bendígame
con salud y buena fortuna.

Tanto como lo deseo. ¡Sin que le haga mal a nadie,
entonces, que así sea!

Coloque las facturas en la caja. Espolvoree con los clavos
triturados diciendo:

Clavos, planta de Júpiter, eliminen toda negatividad,
    proveniente de estos gastos en este mundo
    y en el mundo de los fantasmas. Concédanme
    la reducción de las deudas y riqueza nueva.
    ¡Sin que le haga mal a nadie, entonces, que así sea!

Cierre bien la tapa y toque la parte superior diciendo:

Graciosa Juno, ayúdeme para construir un futuro
    financiero sólido y estable, libre de deudas, lleno
    de sentimientos de seguridad.
    ¡Sin que le haga mal a nadie, entonces, que así sea!

Algunas veces usted puede tener prisa, entonces podría decir solamente: «¡Caigan bendiciones sobre mí!», mientras que coloca la factura en la caja. Asegúrese de mantener la caja bien cubierta, hasta que esté listo para pagar las facturas pendientes.

Magnificando este hechizo:
- Agréguele al diseño de su caja el símbolo de la diosa Juno.
- Construya la caja durante la luna llena.
- Pague sus facturas los sábados en la hora de Saturno (para que desaparezcan).
    - Ofrezca una comida en honor de Juno, preferiblemente en el bosque.
    - Adiciónele una pluma de ganso al contenido de la caja.

- Agréguele un pedazo de piedra amatista a la caja para repeler la negatividad.
- Construya la caja el 1 de marzo o el 7 de julio.

El hechizo Abracadabra para disminuir deudas

Este hechizo es grandioso para ayudarle a disminuir cualquier deuda o deudas viejas en las cuales usted se haya comprometido, incluyendo las clásicas deudas mensuales. En el antiguo idioma hebreo, la palabra *Abracadabra* significaba «lanzar su propio rayo incluso hasta morir» y esto estaba asociado con una divinidad del rayo, quien pereció al lanzarse él mismo sobre el planeta, con el fin de que las criaturas existentes sobre la tierra pudieran vivir. Otros eruditos consideran que la interpretación hebrea de la palabra podría ser *ab* (que se refiere al Padre), *ben* (que se refiere al Hijo) y *ruach acadsch* (que se refiere al Espíritu Santo). También existe un debate acerca de si la palabra es de origen caldeo y no tiene nada que ver con ninguna interpretación cabalística. De cualquier manera, nosotros sabemos dos cosas: la divinidad asociada con este hechizo definitivamente es de origen masculino, y la primera vez que se conoció la palabra fue en los escritos de Severus Sammonicus, un físico gnóstico del siglo II. También sabemos que el nombre se ha convertido en un encantamiento por sí mismo, para deshacerse de los mensajeros de la enfermedad de la pobreza. Nosotros vamos a hacer exactamente lo mismo y a utilizar el hechizo para eliminar sus viejas deudas.

Instrucciones: Tan pronto como le llegue por correo cualquier factura de crédito, escríbale lo siguiente encima del sobre:

Abracadabra
Abracadabr
Abracadab
Abracada
Abracad
Abraca
Abrac
Abra
Abr
Ab
A

Ahora, dele la vuelta al sobre en el cual viene la factura y escríbale la cantidad completa que usted debe, por ejemplo:

$995.34
$995.3
$995
$99
$9
$

Coloque la factura en su Caja Mágica de las Cuentas hasta que esté listo para pagarlas.

Encontré que «haciendo algo» deliberadamente con cada una de las facturas de crédito (inclusive cuando no tengo el dinero para pagarlas), estaba reafirmando física y mentalmente mi poder sobre mi estado financiero y desterrando mis temores. El pensamiento positivo que está trabajando, es el mejor método que se conoce para que usted mismo se llene de poder y sus finanzas le concedan un margen de tranquilidad.

Magnificando este hechizo:
- Para una factura de crédito verdaderamente desagradable, repita el hechizo un sábado en la hora de Saturno.
- Enrolle el sobre que contiene la factura de crédito, riéguelo con vinagre y quémelo inmediatamente.

Cuándo pagar qué cuenta

En el capítulo tres hablaba de los ingresos y los egresos de dinero. Muy pocos de nosotros nos podemos dar el lujo de pagar todas las facturas pendientes tan pronto como llegan; cuanto más se trabaje con la magia de la prosperidad, más rápidamente organizará un itinerario para pagar las facturas de crédito y así controlará sus días de salida de dinero. Algunas personas prefieren pagar la totalidad de sus facturas de una sola vez, mientras que otras prefieren pagarlas a medida que van llegando. Yo tenía la costumbre de esperar hasta que me sintiera bien para pagarlas –lo cual resultaba poco recomendable porque verdaderamente, nunca estaba muy convencida de querer pagarlas–. La idea es desarrollar el itinerario que se adapte a su estilo de vida y que logre que esos gastos se puedan pagar a tiempo. Tómese unos cuantos minutos y considere la manera en la cual usted quiere pagar el dinero que adeuda. ¿Mensualmente? ¿Semanalmente? ¿A medida que vayan llegando las facturas? Una vez que tenga un objetivo bien definido en su mente, usted estará un paso más cerca de su seguridad económica.

La mayoría de los prestamistas le brindan la posibilidad de pagar lo que debe sin necesidad de ningún cargo extra. Normalmente se cuenta con un tiempo de dos o tres semanas desde el momento en que recibe su factura de crédito hasta la fecha límite de pago exigida, durante el cual usted puede escoger en qué día va a diligenciar el cheque o qué día va a hacer el envío del pago a través del correo. La mayoría de las veces podemos, incluso, reorganizar el itinerario de pagos con una simple llamada telefónica o con una carta escrita en términos bastante cordiales. En el hechizo que está próximo a leer, el de las Siete Hermanas, perfeccionamos nuestra rutina de pago de cuentas para los sábados, el día mágico para los destierros. ¿Es posible pagar nuestras cuentas pendientes cualquier otro día si queremos hacerlo? Por su puesto que sí. Recuerde que el pago de las facturas no es la única forma en la cual nosotros gastamos el dinero. Usted podría desear enviar un cheque para pagarse unas vacaciones, invertir en una forma de capitalización que le llame la atención o consignar dinero en su cuenta de ahorros. Aún cuando estas actividades se consideran salidas de dinero (el dinero está saliendo de sus manos), el objetivo final puede ser considerado como una ganancia. Vayamos sobre los otros seis días de la semana para determinar si una o dos cuentas pendientes que tenga probablemente puedan ser pagadas en días diferentes. Tenga en cuenta que utilizamos la luna nueva y creciente para atraer las energías hacia nosotros y la luna llena y menguante para expulsar lejos de nosotros las cosas que no nos convienen.

Domingo (planeta: Sol). El domingo se considera un día propicio para el éxito. En este día utilice su dinero para conseguir un favor, pagar por atención sanitaria preventiva, hacerle propaganda a sus negocios, pagar por adelantado los costos de unas vacaciones, invertir en el mercado de las acciones y consignar dinero en su cuenta de ahorros. Aunque muchos establecimientos están cerrados los domingos (especialmente en las pequeñas ciudades americanas o en los países extranjeros), usted puede enviar, los domingos, sus pagos por correo. Para beneficiarse doblemente con el manejo de su dinero, envíelo el domingo durante la hora del Sol. Otórguele poder a un poco de brillo dorado para el éxito económico y esparza el brillo por encima de su sobre. El domingo es un buen día para cobrar a los demás el dinero que le deben. Pague hoy las cuentas del gas, la electricidad o el combustible para la calefacción.

Lunes (planeta: Luna). El lunes domina sobre el dinero relacionado con préstamos, al igual que lo hace con los negocios familiares y domésticos. Se sugiere hacer contratos y compromisos en los lunes de luna creciente. Utilice los lunes para pagar las facturas escolares, para comprarle ropa a sus hijos o a su cónyuge, invertir en reparaciones caseras o comprar algo importante para el hogar. Éste es el día propicio para pagar los seguros del auto y de vida. El lunes también ejerce dominio sobre los gastos relacionados con viajes cortos y relaciones públicas, el pago de su casa o la renta de su apartamento, así como también para pagar la cuenta del agua. Haga la compra hoy. Las actividades relacionadas con préstamos son propicias bajo la energía de la Luna. La Luna, tanto en el primero como en el segundo cuadrante, favorece al prestamista, mientras que la Luna en el tercero y en el cuarto favorece al prestatario. Haga hoy las compras para la huerta familiar.

Martes (planeta: Marte). El martes es el día de la guerra, con energías agresivas. Para aumentar las probabilidades de ganar una batalla legal, pague el martes las cuentas relacionadas con el caso, durante la luna creciente. Si usted ha sido demandado ante un tribunal, entonces pague aquellas cuentas legales el martes, durante la luna menguante. Los gastos relacionados con herramientas, armas, metales, su gimnasio, consultas médicas, afiliaciones al servicio de piscina, equipo deportivo, lecciones de golf y todo lo que se le parezca, está sometido bajo la energía de Marte.

Miércoles (planeta: Mercurio). Éste es el día primordial para la comunicación y la correspondencia. Si usted necesita enviar correspondencia con sus pagos, envíela por correo este día con la fase de la Luna apropiada. El miércoles influye en la educación, viajes en general, hermanos, vecinos, ventas, escritura y ordenadores. Los gastos relacionados con su teléfono, Internet, el servicio de televisión por cable o las comunicaciones por satélite se rinden ante el auspicio del miércoles y de Mercurio.

Jueves (planeta: Júpiter). Éste es el día del dinero. Concéntrese en las inversiones, nuevas empresas, actividades de publicidad, expansión de los negocios y viajes al extranjero. Los pagos del colegio o de otras actividades educativas también se incluyen aquí. Es un buen día para pagar cobros judiciales y cuentas generales y gastos de contabilidad. Si quiere vender algo para pagar alguna cuenta en particular, empiece a hacerlo un jueves durante la luna creciente. El jueves también es adecuado para comprar o vender su auto, hacer los pagos del auto, invertir en abonos trasporte, negociar billetes con aerolíneas, pagar las revisiones y reparaciones de su auto o pagar el alquiler del aparcamiento.

Viernes (planeta: Venus). El día del amor. Compre regalos para los demás, productos cosméticos, artículos musicales y de arte, todo en este día. Compre aquellos abonos de temporada para ir a la ópera o para asistir a eventos deportivos. Las cosas para su hogar, esas que «simplemente son bonitas», caen bajo las energías del viernes y de Venus. Los viernes son buenos para citas en los salones de belleza o peluquerías. Si usted está involucrado en planes de matrimonio, celebraciones o fiestas de aniversario, el viernes es el día para efectuar esos últimos pagos. Las facturas de crédito relacionadas con lecciones de música o de arte también pueden pagarse este día.

Sábado (planeta: Saturno). El sábado es el día preciso para los destierros. Para cualquier cosa de la cual usted necesite liberarse, éste es el día para liquidarla, especialmente esas cuentas pendientes relacionadas con pagos definitivos de bienes raíces, odontología y situaciones que le hayan sido contrarias a usted.

El hechizo de las Siete Hermanas para pagar sus cuentas

Elementos necesarios: Un lapicero negro (para desterrar deudas); una vela negra (una vela blanca la podrá remplazar si usted no tiene una negra); ⅛ de cada una de las siguientes hierbas: angélica, clavos y canela; un recipiente resistente al fuego; incienso del que usted escoja; un plato metálico pequeño; agua bendita de manantial. Practique el dibujo de la estrella de siete puntas (el símbolo de las Siete Hermanas).

Instrucciones: Un sábado, en la hora de Saturno, limpie completamente su mesa de cocina o del comedor. Saque sus facturas de crédito de la Caja Mágica de Cuentas y dibuje un pentáculo del destierro en el aire, sobre el montón de cuentas pendientes.

Estrella de las Siete Hermanas

Después coloque al lado cualquier tontería; ya sabe, incluya cualquiera de esas ofertas especiales que lo único que hacen es hacerle gastar más dinero, rompa los sobres que ya tengan su hechizo Abracadabra escrito encima.

Si no escribió el hechizo Abracadabra en los sobres viejos, entonces hágalo ahora. Cuando termine, queme la bagatela en un plato metálico, visualizando en sus deudas alejándose, triture los clavos, la angélica y la canela todos juntos y mezcle dentro las cenizas (las tres hierbas tienen magníficas propiedades para desterrar). Tire las cenizas al viento pidiendo que sus deudas se erradiquen de su vida, sin que le haga mal a nadie. (Si no puede hacer esto un sábado, escoja un día en el que haga viento o durante una tormenta de grandes proporciones).

Pentáculo del Destierro

Encienda una vela negra (puede usar la misma vela cada vez que vaya a pagar sus facturas de crédito, tan sólo se recomienda que no utilice esta vela para ninguna otra cosa diferente). Visualice la luz de esta vela desterrando sus preocupaciones financieras. Con la vela, dibuje un pentáculo del Destierro en el aire, encima del montón de facturas. Deje que la vela se continúe quemando. Pague cada factura pendiente diciendo:

Yo destierro de mi vida cualquier negatividad relacionada con estos gastos, ya sea real o imaginaria, ya sea física o perteneciente al mundo de lo invisible. Yo destierro específicamente *(se dice el nombre de la factura)*. Aseguro que mi cuenta bancaria, desde la cual se paga esta factura, es únicamente una herramienta y no una representación de mí mismo.

Si hay una factura que se deba pagar de una sola vez, o éste es el pago final de un préstamo o de la deuda de su tarjeta de crédito, entonces puede decir:

Yo destierro esto *(se dice el nombre de la factura)*
permanentemente de mi vida.

Si no ha firmado ningún contrato que lo sancione por pagar un préstamo antes de tiempo, agréguele una cantidad adicional de siete dólares (o su equivalente a su moneda local) al pago de su crédito. Si está escaso de dinero en efectivo, puede añadirle una cantidad adicional de setenta centavos a todas las demás facturas pendientes. El número siete pertenece a las Siete Hermanas, guardianas del eje del mundo (las mujeres de las estrellas). El número «siete» es lo importante en este caso. La denominación de su moneda local no es importante si está consultando este libro donde el dólar no es oficial. Estas Siete Hermanas han influido en las estructuras mitológicas de casi todas las grandes culturas, incluyendo la de Oriente Medio (los siete pilares de la sabiduría); la de Egipto (los siete Hathors); la de Arabia (los siete sabios); y en el suroeste de Asia (las siete madres del mundo). Si prefiere añadir divinidades masculinas a este hechizo puede utilizar los siete poderes africanos (los cuales incluyen dioses y diosas) o puede invocar a los siete sabios de Grecia (hombres famosos por su sabiduría).

Esta técnica para pagar facturas también le ayuda a controlar o reprimir los gastos frívolos.

A medida que sus ingresos aumentan, usted no volverá a comprar esas cosas sin sentido que nunca usará, pero que ansiaba conseguir de cualquier manera.

Selle el sobre que contiene su pago con una mezcla de su saliva y agua bendita de manantial, diciendo:

En el nombre de las Siete Hermanas, palomas,
   madres, pilares, estrellas, yo elimino estos gastos
   de mi vida. Permitan que yo camine en el futuro
   por el sendero de la sabiduría. ¡Sin que le haga
   mal a nadie, entonces, que así sea!

Dibuje el símbolo de las Siete Hermanas en la esquina del sobre. (Si no puede dibujar la estrella, sólo coloque el número siete en la esquina inferior izquierda de la parte frontal del sobre).

Magnificando este hechizo:
- Realícelo el 31 de octubre (Samhain) o en el día de Año Nuevo.
- Ejecútelo un sábado en la hora de Saturno.
- Hágalo cuando la Luna esté en Capricornio (especialmente si usted ha trabajado muy duro para conseguir su dinero).
- Realícelo en luna nueva, en luna llena o cuando esté en menguante.

Consejos mágicos para girar cheques u órdenes de pago

- Utilice un lapicero negro para desterrar las deudas.
- Selle el cheque con una cruz de brazos iguales (que no sea muy grande, sino lo suficientemente pequeña como para que quepa en la esquina del documento) con el fin de evitar el incremento de cualquier deuda y diga:

Mi vida me pertenece. Vivo para mí mismo. No vivo para aquellas personas a quienes les debo dinero.[1]

- Si el cheque es para realizar una inversión, utilice un lapicero de tinta verde para promover el crecimiento de la inversión.

- Para aquéllos a quienes les gusta jugar con los números, creando balance negativo con los cheques (es decir, si usted tiene la costumbre de girar cheques sobre la base de un dinero que no existe), entonces guarde su chequera. Es verdad. Visualice un gran monstruo espantoso, una bestia maniática, una gárgola rugiente (o cualquier cosa que se parezca), sentado encima de su chequera. Asegúrese de que tenga saliva venenosa saliéndole de la boca. Ésta solamente se activará si usted está apunto de hacer algo que es mejor que ni se le ocurra. ¡Tan sólo observe lo rápido que se aleja su mano con esa visualización!

Cuando usted envía sus facturas por correo

Antes de enviar sus facturas por correo, sosténgalas en sus manos y diga:

---

1. *How to Get Out of Debt, Stay Out of Debt & Live Prosperously*, por Jerrold Mundis. Bantam Books, 1988. Pág. 2.

**Yo no soy la suma total de mis facturas de crédito.
En el nombre de la gran madre Juno, tan pronto
como estas facturas salgan de mis manos,
yo destierro la negatividad y reduzco
mis obligaciones económicas.
Entonces, ¡que así sea!**

Este hechizo funciona especialmente bien si usted ha realizado el trabajo mágico previo mencionado en este capítulo. Verifique la correspondencia del pago de la factura descrito en páginas anteriores y seleccione el día para enviar por correo su factura o facturas que correspondan con su intención. Usted puede controlar los días de salida de dinero a través de sus métodos para pagar facturas.

Eliminar la presión emocional del monstruo de las deudas

De aquí a cien años, a nadie le importará lo que usted debía o no debía. No hay necesidad de que pierda el sueño, deje de comer o contemple el hecho de que no deberle dinero a nadie va a ayudarlo en su próxima vida.

El primer paso para aliviar la presión de las deudas y controlar esas angustias económicas es admitir que usted tiene un problema y, más importante aún, darse cuenta de que cualquier problema se puede resolver. Sí, eso es muy cierto –usted ha creado el terrible monstruo de las deudas y ahora necesita desarmarlo (¡o vencerlo!)–. Usted puede estar diciendo en este momento, «Pero es que yo no tengo ningún problema, tan sólo quiero conseguir más dinero». Eso está bien, siempre y cuando no esté negando su situación. Negarlo, en este caso, es negarse a admitir que está en medio de un gran oleaje en el mar de sus finanzas personales y además, acompañado del terrible monstruo de las deudas. Si está preocupado por cualquier gasto que tenga en la actualidad, o por las finanzas en general, usted tiene un problema. Admítalo y enfréntelo. Algunas veces, admitir que tenemos dificultades financieras nos pone de mal genio o tristes o, inclusive, histéricos. Eso está bien de todas formas. Esté atento a sentir todas esas emociones, analícelas, procéselas y déjelas salir.

Para este hechizo solicitaremos la asistencia de los buenos oficios de las hermanas de Wyrd, llamadas las Norns-Verdandi, Urd y Skuld. Estas tres legendarias damas nórdicas son las responsables de tejer la red de su destino personal (la red de Wyrd). Skuld es la más joven de las nórdicas y no es tan benévola como las otras dos. A menudo aparece representada vestida con un velo y sosteniendo un pergamino en una de sus manos y un par de tijeras y un cuchillo en la otra. Su oficio es cortar el último hilo de su destino y su elemento primordial es el agua. Urd es la madre y guardiana del grupo y se cree que es la más vieja de las hermanas (así mismo sus mitos son más antiguos que los de Skuld y que los de Verdandi). Ella se especializa en el pasado. La tercera hermana, Verdandi, representa sus circunstancias actuales, su presente. Su elemento también es el agua. Ya que ni los dioses ni los humanos pueden darles órdenes a estas damas, ni pueden cambiar sus sentencias colectivas, se les puede suplicar su ayuda.

Elementos necesarios: Una botella plástica de algún refresco llena hasta la mitad (usted puede elegir el sabor); una cinta negra de trece pulgadas de largo; un par de tijeras; un marcador de tinta negra indeleble y un recipiente grande.

Instrucciones: Durante la luna nueva reúna los utensilios. Visualice una luz blanca a su alrededor. Lleve la botella de refresco y la cinta negra hacia los cuatro puntos cardinales (N, S, E, O) y en sus propias palabras pida que se le alivien las angustias ocasionadas por sus deudas. Dibuje el sigilo de las hermanas de Wyrd en la botella, con el marcador negro. Sople nueve veces dentro de la botella plástica y después de cada soplo diga: «**Yo entrego mis preocupaciones financieras a la divinidad**».

Sigilo de las hermanas Wird

Después de haber soplado las nueve veces, tape la botella.

Ahora, agite la botella y mientras lo hace, repita las mismas palabras (yo le entrego mis preocupaciones financieras a la divinidad). Deje que toda su frustración, infelicidad y preocupación trabajen solas dentro de las burbujas del refresco. Cuando considere que está listo, retroceda y destape la botella, dejando que el contenido suba y rebose dentro del recipiente grande. Visualice sus angustias económicas evaporándose lejos de usted. Vierta el resto de la botella en el recipiente grande. Coloque la botella a un lado. Sostenga la cinta negra en sus manos y diga:

Esta cinta representa la negatividad que se ha venido en mi contra y las emociones negativas que he experimentado en relación con mis finanzas personales. Representa la negativa red de Wyrd que ata mis finanzas. Comprendo perfectamente que he generado estas circunstancias yo mismo, y ahora lograré liberarme de ellas. En el nombre de las hermanas de Wyrd invoco su ayuda para cortar la negatividad de mi vida. Damas benditas de Wyrd, les pido su gentil asistencia en este asunto. Urd, madre del pasado. Verdandi, hermana del presente. Skuld, doncella del futuro y encargada de manejar las tijeras sagradas. Sin que le haga mal a nadie, amablemente corte esta deuda y la negatividad de mi vida. Entonces, ¡que así sea!

Corte la cinta negra. Queme los dos pedazos. Lleve la botella afuera y diga:

Mientras vierto este líquido sobre el suelo, invoco para que caigan bendiciones de las tres hermanas sobre mí. ¡Sin que le haga mal a nadie, entonces, que así sea!

Practique este hechizo una vez al mes hasta que quede totalmente libre de la deuda.

No gaste hoy
–Respire más tranquilo mañana–

¡La mejor forma de erradicar los malos hábitos de gastar el dinero, es dejar de crear nuevos gastos! Suena simple, pero no siempre es así de fácil. Algunas veces se necesita mucha imaginación. Existen gastos de los cuales, realmente, no puede liberarse, por ejemplo, la cuenta de la luz, del teléfono, de la calefacción, del agua…, ¿quiere que continúe? Sin embargo, tiene que utilizar su cabeza sin que tenga que reaccionar de manera exagerada.

Elementos necesarios: Un paquete de notas autoadhesivas o tarjetas de tres por cinco pulgadas; cinta de celofán.

Instrucciones: Primero debe determinar cuál es el uso normal de esas facturas mensuales: el teléfono, la electricidad, el agua, el gas y así sucesivamente. Si usted no está seguro, verifique con sus amigos o miembros de su familia para comparar el consumo y costo de los servicios. Seleccione uno de los recibos de cobro y sáquelo del montón. Vamos a usar el recibo de cobro del servicio telefónico. (Usted ya le debe haber escrito su hechizo Abracadabra, ¿no es así?). Mi cuenta normal de servicio telefónico es de treinta y seis dólares mensuales, incluyendo mi sistema de identificador de llamadas, sin incluir las llamadas a larga distancia. La idea de disminuir las facturas de los servicios básicos no significa que usted tenga que privarse de un servicio que necesita, sino encontrar una cantidad promedio de dinero, con la cual se sienta cómodo al pagarla. En mi caso, treinta y seis dólares era una cantidad suficiente para gastar en el servicio de teléfono, así que hice una nueva regla: «No voy a hacer llamadas telefónicas a larga distancia, a menos que sea una emergencia o una llamada de negocios indispensable». Eso agregaría unos cinco dólares extra en la cuenta mensual, no más que eso. Ninguna llamada en espera. Ninguna llamada por hacer. Ninguna llamada bipartita. Ninguna llamada a larga distancia. Al principio las personas se sentían ofendidas. Era difícil. Ellos no eran los que tenían que pagar mi cuenta de teléfono, yo era quien tenía que hacerlo. Después de algún tiempo ya se les había pasado.

Yo escribí mis límites en una nota autoadhesiva y la pegué sobre mi teléfono. Cada vez que mis manos se acercaban al teléfono para hacer una llamada de larga distancia, me detenía súbitamente y lo pensaba dos veces. Eso sucedió hace dos años. Hoy en día mi promedio de cuenta telefónica sigue siendo de treinta y seis dólares mensuales (inclusive después de los aumentos legales), todavía estoy disfrutando de mi servicio de identificador de llamadas y ya no es necesario seguir usando la nota por más tiempo. Un beneficio adicional es que he enseñado a mis hijos el mismo sistema (aunque esto llevó a mi hija mayor a la catástrofe al tener su propio teléfono y su primera factura de doscientos dólares, para resultar preguntándome para qué había hecho la restricción en el teléfono familiar en primer lugar).

Para resumir, esta técnica la puede poner en práctica sin que afecte su vivir diario. Yo reduje mi factura eléctrica notablemente tan sólo colocando notas sobre los interruptores de luces que decían: «¿Realmente necesito que me enciendan ahora?». ¡Sea creativo! Dibuje muñequitos en sus notas. Dele poder a sus notas para que le ayuden a eliminar malos hábitos. ¡Es divertido!

¿Realmente lo necesito?

Aquí tenemos otro truco que no es un hechizo, pero como estoy hablando del tema, lo compartiré con usted. Siendo adulta, tardé varios años en darme cuenta que tenía problemas financieros. Un día me di cuenta de que si no hacía algo, seguiría siendo miserable y estaba harta de serlo. En ese momento debía una suma considerable de dinero (no malo, pero tampoco bueno) y gran parte eran impuestos acumulados durante siete años. En los últimos años no había incurrido en ninguna deuda nueva (o eso pensaba) y me quejaba de las viejas, que no desaparecían. Éstas permanecían ahí como una horrible mosca, absorbiendo mi vida.

Empecé por poco (ustedes saben, las cosas grandes me ponen nerviosa), había establecido mi programa «límite» y entonces me senté y revisé en qué estaba gastando el dinero. No me gustó lo que vi. ¡Horror de horrores! Entonces decidí dejar de llevar a los niños a la tienda. Si, soy débil. Ellos pedían y casi siempre queriendo ser una buena madre, yo los complacía. Como era muy difícil salir sin ellos, entonces empecé a ir a la tienda (o a hacer cualquier compra que tuviera que ver con un almacén) cuando ellos estaban en el colegio. Eso fue fantástico en la primavera, otoño e invierno, pero ¿qué tal en verano? Programé todas las compras sólo cuando otros adultos estaban presentes. ¡Así es! No comprar chatarra que se dañe en treinta segundos. En un mes ahorré cien dólares y al mes siguiente doscientos dólares.

Seguidamente, miré cada factura y me pregunté: «¿Realmente necesito esto?». Así que descubrí que no tenía tiempo para leer las revistas a las cuales estaba suscrita, entonces las cancelé. No necesitaba ese canal extra por cable que nadie veía, entonces lo cancelé. No necesitaba la suscripción del periódico, puesto que si quería leer acerca de la situación actual lo bajaba de Internet. Lo cancelé. No necesitaba pertenecer al club de video, ni tampoco al club de libros. Me estaban consumiendo dinero. Lo cancelé así sucesivamente. A los tres meses ya había cancelado y pagado todas esas facturas innecesarias, ahorrándome incluso ciento cincuenta dólares.

Para terminar, tiré toda la propaganda que llegaba a través del correo. ¿Quién la necesita? Estaba cansada de ser tentada por gente que incluso no conocía. Luego, durante dos semanas rechacé comprar cualquier cosa de menos de dos dólares (para mostrarme cuánto habían sido algunos centavos para mí).

El hechizo para Suspender los Gastos Frívolos

Éste es un hechizo muy fácil. Coja un limón y ábrale un hueco con un lápiz hasta la mitad de la fruta. En un pedacito de papel, escriba «por favor, ayúdeme a detener mis hábitos de gastos innecesarios sin perjudicar mi prosperidad o deseos personales». Enrolle el papel y colóquelo en el limón. Ate el limón con una cinta negra y cuélguelo cerca a la ventana de la cocina. Después de hacer este hechizo, llevé mi campaña personal más lejos. Decidí eliminar mi neblina financiera.

Erradicar la neblina financiera

Sé que algunos de ustedes se van a quejar en la siguiente parte. Cuando estaba saneando mi situación financiera, alguna gente me sugirió que empleara una técnica que me atemorizó y me angustió hasta el punto en que dije: «¡No voy a hacer nada! Es una pérdida de tiempo. Esto me confundirá y por consiguiente no lo haré». Seis meses después, debido a otro trabajo mágico que estaba practicando, mis finanzas empezaron a recuperarse, pero me di cuenta que si no me hubiera comido mis propias palabras, nunca hubiera alcanzado mi propósito de libertad financiera. Entonces ¿de qué estoy hablando? ¿A qué cosa terrible me estoy dirigiendo?

Ahora, usted está a punto de entrar al centro nervioso de su éxito financiero –la lista de sus gastos–. (¡Oh! ¡Se estremece! Sabía que pondría una cara así). A mí tampoco me importaba, pero como acostumbraba decir Mary Poppins: «Una cucharada de azúcar ayuda a bajar la medicina». (Entonces tómese alguna bebida dulce y regresemos a nuestra lista). Además, he encontrado algunas ideas para hacer que el proceso no sea doloroso.

La primera vez que intenté hacer esta macabra lista, usé un programa de ordenador que sólo me permitía suficientes líneas para mis gastos principales. Quizás eso fue algo bueno. Yo tenía una idea general de lo que era responsable y no fue difícil compilar la lista y tampoco me tomó mucho tiempo, ¡vaya! Después de todo no fue tan malo. Luego, descubrí que la mayoría del material escrito sobre prosperidad tiene en cuenta todos los gastos en que incurra, aun los treinta centavos que le presté a Patricia esta mañana. Eso se había convertido en una espantosa tarea para mí (un Virgo que casi nunca tiene problemas haciendo listas) porque todavía no habían sanado completamente mis emociones negativas ligadas a mis finanzas y sobre las cuales no había trabajado. Finalmente hice esa terrible lista y, como viví para contarlo, le digo que no fue traumático.

Mientras tanto, me di cuenta de que gran parte de mi dinero no aparecía. De acuerdo con mi lista, debía tener suficiente dinero para pagar los impuestos atrasados y hacer algunos arreglos en la casa que había planeado. ¿A dónde fue a parar ese dinero? Ah, ¡un misterio! Me gustan los misterios (normalmente).

Durante los dos meses siguientes acumulé todos los recibos de mis compras. Sé que parece tonto, pero era la manera de conocer los gastos que estaban en el fondo oscuro y que habían devorado mi dinero faltante.

Para solucionar el problema creé un...

Sobre Mágico para los Recibos

En este hechizo se usa el poder de la serpiente santa. Su símbolo es uno de los signos de poder más antiguos, el cual contiene connotaciones femeninas y masculinas: se piensa que el oráculo femenino del templo de Delfos –cuando el templo no era más que una cueva dedicada a Gaia, la diosa de la Tierra– era llamado la Pitonisa (luego llamada Pithea). En la India, a la diosa de la Tierra en algunas ocasiones se le llama «la reina serpiente». Como la serpiente Kundalini, representa la energía interna del cuerpo humano, centrada en la pelvis. Los primeros gnósticos adoraban a la serpiente no como un símbolo del diablo sino como un aspecto femenino benévolo del espíritu enfrentado al diablo por la verdad. La historia de la serpiente santa, asociada a fuerzas positivas y al principio femenino, no es fácil de encontrar en los diccionarios mitológicos. Creo que su verdad radica muy cerca de su lugar de origen.

En este hechizo, se usa la serpiente santa para atraer sabiduría, verdad y protección del sobregasto continuo. El símbolo del dinero, tiene sus raíces en la magia de la serpiente, con la «S» representando una serpiente. ¡Apuesto que nunca dibujará otro signo del dinero sin pensar en la energía de la magia de la serpiente!

Elementos necesarios: Una carpeta grande –puede ser clasificadora– (para los que son buenos en este tipo de cosas), un sobre de plástico con cierre (ése fue el que finalmente escogí), o un sobre ordinario (créame, cuando esté listo el trabajo del sobre, ya no será ordinario); marcadores permanentes (seleccione los colores); incienso a su gusto; una vela verde.

Nota: Si usted es independiente, probablemente ya guarda los recibos para asuntos de impuestos. No olvide usar esta técnica para esos recibos también (sólo use un sobre diferente). También incurrirá en gastos de los que no hay recibos, por ejemplo los almuerzos de los niños en las escuelas. Asegúrese de escribir esos tipos de gastos en un recibo que tenga (para ahorrar papel). Copie todos los recibos que necesite para propósitos de impuestos. Archive los originales en su carpeta de impuestos y use las copias en la magia.

Instrucciones: Cuando reúna los recibos, dibuje el signo del dinero al dorso de cada uno, convirtiendo la parte de la «S» en una pequeña serpiente. Si ha olvidado hacerlo, pare un momento antes de hacer el hechizo y marque cada recibo. (Incluso puede usar un sello con la imagen de una serpiente. Uno de mis estudiantes usó calcomanías de serpientes). Bajo la luna nueva (pero si le urge empezarlo en otro momento, hágalo), bendiga el sobre con los cuatro elementos. Dibuje una serpiente con el marcador y coloque todos los recibos que haya encontrado en el sobre.

Visualícese rodeado de una luz blanca. Presente el sobre a los cuatro puntos cardinales (N, S, E, O), invocando bendiciones al ritual. Prenda el incienso al igual que la vela. Levante el sobre al nivel de sus ojos e invoque la gran serpiente de la verdad y protección. Usar un tambor de ceremonias puede ser útil. Si no lo tiene, puede usar la técnica del toque del tambor en la tierra (literalmente hablando, tocar la tierra con sus manos en forma de tambor). Pida claridad en sus futuras compras y protección en sus activos financieros corrientes. Dé las gracias a la serpiente sagrada y deje que la vela verde se queme completamente. Deje el sobre durante veinticuatro horas en algún lado donde no lo vayan a coger y luego agréguele los recibos nuevos. Notará una reducción en el número de recibos que junte, lo cual representa su misteriosa reducción de gastos.

Advertencia: Cuando trabaje con la serpiente santa, no puede mentir, hacer trampa, robar o estar involucrado en cualquier tipo de operación ilegal. Si hace alguna de estas cosas, la serpiente se activará y lo morderá.

Vencer la trampa de las tarjetas de crédito

Malo si lo hace; malo si no. Aquí está usted; trabajando fielmente en el proceso de reducir sus gastos y de repente obtiene respuestas como la siguiente:

«Lo siento, señor, pero si no tiene una tarjeta importante de crédito o mil dólares que podamos congelar, no le podemos alquilar el auto. ¿Podrían explicarle mejor cómo crear un historial crediticio para usted?». (Una agencia de alquiler de coches en Virginia.) Llamé a diez agencias en un radio de cincuenta millas y ninguna nos alquilaba autos sin los mil dólares de depósito.

«Caramba, realmente lo siento; nos encantaría venderle este auto, pero usted no tiene historial de crédito. ¿Me dice que ha pagado al contado en los últimos siete años? ¿Está seguro que no está en el programa de protección de testigos o algo así? Ahora, aquí está cómo crear un buen historial crediticio…». (Un vendedor de autos usados en Pennsylvania. Una experiencia particularmente humillante, puedo agregar).

«¿Una habitación para la noche? ¿Sin tarjeta de crédito? Lo siento pero no podemos ayudarla. Déjeme enseñarle cómo crear un buen historial de crédito para que no le vuelva a suceder esto…». (Un auxiliar del hotel de la calle 57 en la ciudad de Nueva York, a la media noche). Tuve que presionar al gerente.

«Sólo deme él numero de su tarjeta de crédito y le enviaremos esa orden. ¿No tiene tarjeta de crédito? (una suave y calmada pausa). Pues bien, supongo que podrá enviarnos un cheque…, déjeme ponerlo al tanto de cómo le serviría una tarjeta de crédito en el futuro…». (Una compañía internacional para pedir libros).

Mi corazón aún se acelera cuando pienso en la humillación que pasé porque insistía en pagar en efectivo en los últimos diez años. ¡Ahí está, siendo un buen cliente, fue como logré el premio! Los negocios quieren que usted se endeude ya que así es como ellos ganan su dinero.

Para parar con la constante vergüenza, finalmente conseguí una tarjeta de crédito, pero necesitaba ponerme algo que me limitase para no incurrir en gastos que no podía cubrir.

El hechizo de los Diez Dólares

En este hechizo puede usar cualquier denominación monetaria, la que desee. Con el objetivo de crear un buen historial de crédito, he usado billetes de diez dólares, pero como ya se dijo, puede usar dinero de cualquier denominación o país. Tampoco tiene que relegar este hechizo a problemas financieros. Para aquéllos sin problemas monetarios en este instante, pueden utilizar la información y hacer que las energías trabajen para sus propias necesidades.

Elementos necesarios: Un billete de cien dólares; una vela negra votiva; una vela verde; sus tarjetas de crédito; agua de manantial; un poquito de cincoenrama; un clavo; miel y una pedazo de papel de aluminio

Instrucciones: Corte la mecha de la vela negra, invierta la vela y saque la mecha (en la parte inferior) de tal manera que pueda prender la vela desde el lado contrario. (Esto se llama «invertir la vela» y la técnica se usa para repeler los efectos negativos). Caliente la punta del clavo y haga un hueco en la nueva base de la vela negra. Llene el hueco con cincoenrama y séllelo. (Esto se llama «cargar una vela»). Sostenga la vela fuertemente en sus manos y diga:

Hoy devuelvo esta negatividad.
Que los malos hábitos de gastos desaparezcan.
Tengo comida para alimentarme, ropa para
    ponerme y un lugar donde refugiarme.

Sé que hoy estaré bien.
Sin perjudicar a ninguno, ¡que así sea!

En un jueves a la hora de Júpiter, envuelva sus tarjetas de crédito una vez con el papel de aluminio, esparza cincoenrama y vuélvalo a cubrir. Purifique el billete con los cuatro elementos para eliminar cualquier negatividad de usted y de los que lo poseyeron antes. Coloque el billete en el centro del área de sus trabajos magnéticos. En la parte superior coloque el paquete de aluminio y la vela negra sobre el paquete. Diga tres veces:

Al quemarse esta vela, mi deuda en tarjeta de
crédito disminuirá a un saldo actual de diez
dólares y sólo diez dólares.

Luego repita el verso listado en la parte de las instrucciones de este hechizo. Deje que las velas se quemen completamente y mantenga sus tarjetas de crédito sobre el billete de diez dólares el tiempo que sea posible o hasta que el saldo en cada tarjeta sea de diez dólares solamente.

Desterrar los bloqueos para sus éxitos financieros con los elementos

En el capítulo 2 mostré cómo crear abundancia con los elementos. Los cuatro hechizos siguientes trabajan con las energías destructoras de estos elementos. Así como en los otros hechizos de este capítulo, las cuatro técnicas usan las fases de la luna llena, menguante o nueva –usted decide.

Desterrar los bloqueos con los gnomos de la tierra

De acuerdo con el alquimista suizo del siglo XVI Paracelsus, el gnomo puede moverse dentro de la tierra de la misma manera como lo hace un pez en el agua o como un humano camina a través del aire. La palabra «gnomo» puede tomar su significado del griego *ge-nomos,* «habitante de la tierra» y *gnosis,* «conocimiento». Los gnomos son asociados con fantasmas o cuentos de hadas y por consiguiente tiene características y personalidades distintas. Las leyendas dudan en mostrarlos como amigos o enemigos, pero casi todos los mitos relacionan al gnomo con los tesoros de la tierra, el apego por la tierra y un gran conocimiento de la magia de las rocas, cuevas, raíces, piedras preciosas y montañas. Encontramos que los gnomos son muy especiales en la cultura alemana.

Como los gnomos se pueden mover por la tierra al igual que un pez por el agua, es posible activar un gnomo para mover un bloque de energía dentro de usted o un obstáculo colocado por alguien en su camino. Yo empleé la hierba sangre de dragón por su potencia en hacer que las cosas se muevan y su habilidad para protegerlo mientras lo hace, también como la asociación de hierbas a la tierra. Este hechizo es particularmente bueno cuando las cosas le han funcionado bien. Usted se está recuperando de las deudas, saliendo adelante y de pronto ¡un golpe! Se le presenta algún obstáculo. Antes de que pasen meses preocupándose, ensaye este hechizo.

Elementos necesarios: Una taza de tierra; un cedazo; media onza de hierba de sangre de dragón.

Instrucciones: Sobre un recipiente o toalla de papel, vierta la taza de tierra en el cedazo, agregue la hierba de sangre de dragón y diga:

> **Elemento de la tierra, mueva la montaña**
> **de _____ *(diga lo que está bloqueado)*.**
> **Cuando la sangre de dragón se mezcle con la**
> **tierra, los obstáculos en mi vida se romperán**
> **y desaparecerán, así que podré prosperar.**

Al pasar la tierra por el cedazo visualice sus problemas financieros rompiéndose y disolviéndose. Una vez que haya pasado toda la tierra por el cedazo voltéelo y sacúdalo siete veces para sacar toda la tierra que haya quedado. A la media noche lleve la tierra a un cruce y arrójela allí, pidiéndole una vez más al elemento de la tierra gentilmente que disperse la negatividad de su vida, sin perjudicar a ninguno. Lave el cedazo pidiéndole al elemento del agua que purifique su situación.

Desterrar los bloqueos con las sílfides del aire

La palabra sílfide es una derivación griega que significa un «espíritu femenino del elemento del aire». Este espíritu ostentaba el don de la invisibilidad. Si usted escuchaba cuidadosamente, podía oír su dulce voz en la brisa. Los griegos consideraban los silfos semejantes a los ángeles, mostrando esa creencia en los ángeles existentes desde mucho antes de la conversión cristiana romana. En otras culturas se pensaba que los silfos eran fantasmas que emanaban del último respiro de un individuo antes de morir.

Durante la invasión cristiana de Europa, la palabra sílfide se convirtió en un sinónimo de bruja. Carlomagno (786-814 d. C.), quien encontró útiles las guerras cristianas por el robo y la tolerancia de la Iglesia para tener cuatro esposas y varias concubinas, declaró que los silfos no podían ser conocidos públicamente. La técnica de Carlomagno de matar o convertir asentó sus principios durante quinientos años de asesinato santificado, dándole a la palabra «silfo» no una historia colorida, sino sangrienta.

Elementos necesarios: Un ventilador eléctrico pequeño; trece cintas amarillas delgadas; un marcador negro. Se usa el color amarillo como el más asociado con la dirección Este, el hogar de las sílfides.

Instrucciones: En cada cinta, use el marcador negro para escribir sus sentimientos negativos acerca de un proyecto particular que esté afectando sus finanzas o deteniéndolo ante algún propósito financiero. Ate una punta de la cinta fijamente a la rejilla del ventilador, dejando que la otra punta de la cinta cuelgue libremente. (Por favor, hágalo cuando el ventilador esté apagado y preferiblemente desconectado, por si acaso).

Coloque el ventilador enfrente de una ventana abierta o una puerta frontal abierta. Mire al Este, abra sus brazos e invoque el espíritu del aire, pidiendo que toda negatividad desaparezca de su vida. Si puede, ubique el ventilador de tal forma que el aire pueda llegar al ventilador desde el Este (el lugar de inicio), hacia el Oeste (lugar de la trasformación). Encienda el ventilador y visualice sus problemas saliendo por la ventana a medida que las cintas se agitan en la brisa. Mantenga el ventilador encendido el tiempo que quiera (sólo tenga cuidado de que alguien no se vaya a tropezar con él). Si puede, deje el ventilador funcionando en una denominación de siete (siete minutos, siete horas o siete días), o déjelo funcionar durante siete minutos una vez al día durante siete días. Cuando las barreras desaparezcan, quite las cintas, pidiéndole a las salamandras que quiten cualquier negatividad que quede.

Desterrar los bloqueos con las salamandras del fuego

La única característica de las salamandras es que aunque estas criaturas están asociadas con fuego, tienen la habilidad mágica de convertir el fuego en hielo (y por consiguiente nunca se queman). Con esta creencia mágica, el destino de las pobres salamandras nunca ha sido el mismo. Las salamandras vivas, se queman. Los místicos y líderes cristianos, impávidos por este hecho, proclamaban frecuentemente a la salamandra como un guardián, con el lema «nazco y muero».

Las propiedades del fuego y el hielo tienen innumerables mitos, comenzando con el paganismo y pasando por varias culturas. Las brujas americanas-alemanas consideran el fuego y el hielo como la combinación primaria por encima del aire y la tierra (aunque el hielo no es propiamente un elemento, sino agua congelada). Independientemente de sus asociaciones místicas, para algunas personas el fuego no es un elemento fácil para trabajar. Tengo un estudiante al que le regalaron un extintor completo con los signos de protección mágica. Había tenido una larga historia de percances con las místicas salamandras (no las reales) y sus amigos querían asegurarse de que no fuera consumido en el futuro. ¡Ahora entiendo por qué él prefiere trabajar con sílfides!

Elementos necesarios: Una pequeña parrilla que se usará sólo para trabajos mágicos; cuatro velas rojas (con candelabros); pintura anaranjada, amarilla y roja. Diseñe y pinte cinco salamandras en la parte externa de la parrilla el lunes, a la hora de Marte, o el martes a la hora del Sol (o cualquier mediodía). Sí, ya lo sé, los dibujos de las salamandras finalmente se pelarán al menos que se use pintura resistente al calor, pero así está bien.

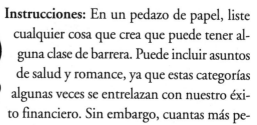

Instrucciones: En un pedazo de papel, liste cualquier cosa que crea que puede tener alguna clase de barrera. Puede incluir asuntos de salud y romance, ya que estas categorías algunas veces se entrelazan con nuestro éxito financiero. Sin embargo, cuantas más peticiones nombre, más cambios experimentará. Si cree que no está listo para afrontar nuevos asuntos, entonces comience listando sólo una o dos situaciones.

Un martes durante la luna menguante, visualice una luz blanca a su alrededor e invoque a las salamandras pidiéndoles que eliminen cualquier barrera relacionada con las peticiones que usted escribió en el papel. Sostenga el papel sobre cada vela apagada, repitiendo las peticiones y deseos para un camino libre. Prenda cada vela, comenzando con la vela más cercana a la dirección Sur. Repita las peticiones y su deseo. Sostenga el papel sobre el centro de la parrilla (tenga cuidado de no quemarse). Repita su deseo y luego pase el papel por las llamas de las cuatro velas, comenzando con la vela más próxima al Sur. Deje caer el papel en el centro de la parrilla. Observe cómo se quema el papel y susurre hasta que la llama lo queme en su totalidad.

> **Llama de luz, llama de día, elimine las barreras de mi camino.**

Respire profundamente y relájese. Tire las cenizas al viento, pidiéndole ayuda a los silfos. Si es posible, deje que las velas se quemen completamente o use nuevamente las velas cuando realice el mismo hechizo en el futuro.

Desterrar los bloqueos con las ondinas del agua

Las ondinas son derivadas femeninas de los espíritus del agua. Como otros elementos, las ondinas ayudan a la fuerza vital universal a través de la purificación, el movimiento y el sonido.

Este hechizo es una técnica alemana-americana la cual usa las propiedades del agua convertida en hielo. Vierta agua de manantial dentro de una pequeña taza plástica y deje que se congele.

Cuando esté listo para realizar el hechizo, saque la taza del congelador. Colóquela boca abajo en un recipiente. Coloque sus manos en el hielo y nombre lo que ha congelado en sus asuntos financieros. Sople el hielo tres veces y déjelo derretirse, visualizando la desaparición de su dificultad financiera. Entone:

Respiro del espíritu, calor de amor.

Para eliminar una factura en particular escriba la cantidad en un pedazo de papel y colóquelo debajo del hielo.

Cobrando deudas

No hay nada más frustrante que tener una persona u organización que le deba a uno dinero, especialmente si no han hecho el intento de pagar. Y aún peor cuando usted debe dinero y la cantidad debida representa la diferencia entre estar endeudado de nuevo o navegar hacia una vida libre de deudas.

Primero concentre sus emociones. Cuando alguien me debe dinero y no paga en el tiempo acordado (o convenientemente olvidan que me deben dinero), me empiezo a frustrar. Esta frustración se convierte en ira. Antes, yo no decía nada porque desde niña me enseñaron que era malo crear una situación negativa. Cuando finalmente decía algo, me cargaba la culpa. No quería hacer sentir mal a la persona, sólo quería mi dinero. Finalmente me di cuenta de que estaba agravando la situación con mis sentimientos y acciones. Estaba asumiendo el papel de deudor porque sabía lo que era deber dinero. Resolví el problema temporalmente estableciendo una política de nunca prestar dinero, lo cual me ayudó a un nivel personal hasta que pude hacer a un lado mis sentimientos. Tratar con corporaciones importantes es otro asunto.

¿Cuántas veces ha llamado a una corporación que le debe dinero y le han hecho el juego del teléfono? Maybell está a cargo y está almorzando, en una reunión, en un viaje de negocios, de vacaciones en las Bahamas o se ha trasferido la cuenta a Harry, quien está almorzando, en una reunión, en un viaje de negocios o de vacaciones en las Bahamas (posiblemente con Maybell). También puede escuchar: «Mañana lo llamo, el lunes, el próximo viernes, cuando el infierno se congele».

No se preocupe. Usted tiene algunas opciones:

- Contrate un gigante que parezca ser capaz de aplastarlos.
- Llame a un abogado y gaste más dinero.
- Váyase a vivir a la puerta de entrada de la compañía.

¿Le parece que estas opciones son prácticas? Bueno, ensayemos algunas que sí lo son.

- Evite los intermediarios. Es correcto. Nunca se embobe con representantes de servicio, la secretaria o un asistente. Y no, no me estoy burlando de ellos. Yo era de esa gente. Primero tengo que decirles que ellos no tienen el poder de conseguir su dinero. Su trabajo es calmarlo a usted –ni más, ni menos–. Ellos pueden proporcionarle nuevos servicios, corregir problemas menores, enviar una persona de servicio a su casa, etc. Pero no tienen el poder de recobrar su dinero (sin importar si les interesa hacerlo). Entonces, averigüe quién es el responsable y vaya directo a esa persona.
- Escriba todo, desde el momento en que habló sobre el pago de la deuda. Mantenga presente el nombre de las personas con quien contacta, la fecha, detalles de la conversación, etc.
- No tenga miedo de ir tras su dinero.
- Trate de recobrar el dinero en luna llena o creciente. Tiene una mejor oportunidad de éxito.
- Conjure el hechizo «Usted me Debe».

El hechizo de Usted me Debe

Está bien. Usted lo ha pedido decentemente, ha llegado al tope de la cadena alimenticia del dinero, lo ha escrito todo. Y aún está esperando. Aquí está el hechizo para activar su dinero, devolviéndolo hacia usted. El principal uso de la malaquita en magia es para atracción, ya sea el asunto de amor, deseos o dinero y es sagrado al dios griego Apolo. La flamenquilla concede sus energías a la fortuna y la justicia que le sonríen a usted (y especialmente bueno para cualquier asunto legal).

Elementos necesarios: Una vela e incienso de malaquita; una flamenquilla; una prenda (o foto) de la persona que le debe (o papeles de la compañía); un billete de un dólar; un lapicero rojo.

Instrucciones: Escriba la cantidad que le deban con lapicero rojo sobre el dólar. Enrolle el billete en la flamenquilla y la prenda o foto de la persona que le debe. Colóquelo en algún lado donde no sea molestado. Pídale al ángel guardián que le ayude a recobrar el dinero. Prenda el incienso de malaquita visualizando a la persona cuando le entregue el dinero. Encienda la vela de malaquita continuando con la visualización. Vierta siete gotas de la cera de la vela de malaquita en la parte superior del billete. Repita la misma visualización. Tome el billete en sus manos y de nuevo repita la visualización. Finalmente repítala en la noche tomando el billete en su mano hasta que reciba el dinero. Después de que lo haya recibido, dé las gracias a su espíritu y su ángel guardián, abra el billete y done el billete de dólar a la caridad y queme la prenda que pertenece al individuo o a la compañía.

Nota: Este hechizo no funciona si el individuo o la compañía no le deben legítimamente dinero.

Quitarse de encima a un acreedor

Lo opuesto de alguien que le deba dinero es que usted le deba a él. Si alguien lo está acosando y usted esta tratando por todos los medios de pagar las deudas, ensaye con este hechizo.

Elementos necesarios: Una lima; un poco de pimienta negra; un poco de pimienta roja; siete agujas de coser; un pedacito de papel con el nombre del acreedor.

Instrucciones: En luna llena o menguante, haga una cruz profunda y de lados iguales en la lima (no la corte en su totalidad). Coloque el papel en el centro de la cruz hasta donde pueda. Salpique pimienta roja y negra. Cosa la lima con las agujas y pídale al Espíritu que elimine la deuda y lo proteja del acoso del individuo o corporación mencionada. Ponga la lima en la repisa de la ventana hasta que la deuda esté cancelada.

No se rinda

Habrá días en que usted piense que todo el trabajo de magia ha sido en vano. Créame lo que le digo. Yo lo he vivido. Sin importar lo que piense, no se entregue ni se rinda. Así sea un poquito lo que haga, también cuenta. Yo tuve un par de situaciones desagradables una vez comenzado mi plan hacia le éxito. Toma tiempo traer equilibrio a su vida y si usted es como yo, tendrá algunos baches en el camino. Mi esposo y yo experimentamos durante una semana o dos en diferentes épocas del año que todo el dinero se había gastado y no duraba más de siete días. Nos volvimos muy ingeniosos e innovadores durante ese período. En todo ambiente familiar hay épocas de vacas gordas y flacas. La forma como usted actúe en esos momentos es lo que hace a una familia fuerte e independiente.

Truquitos para desterrar

- Haga una lista de sus cuentas separadamente en papel higiénico y échela por el inodoro.
- Abra una ventana para eliminar la negatividad.
- Dele poderes a una cuchara de plata y llévela por toda la casa en el sentido de las manecillas del reloj para eliminar negatividad. Llene la cuchara con azúcar para darle sabor a sus oportunidades. Deje la cuchara en algún lugar donde no la cojan durante siete horas, luego arroje el azúcar a los vientos pidiendo cambios rápidos y positivos.
- Eche las cenizas viejas de la chimenea a la basura para que sus cuentas no aumenten.

- Rocíe sal en la repisa de la ventana para eliminar la ola de mala suerte.
- Coloque una cebolla o cabeza de ajo en la repisa de la ventana para recoger la negatividad. Cámbielo cuando el ajo retoñe.
- Una vez a la semana, el sábado, saque todo el dinero de su bolso, cartera y bolsillos. Purifique y consagre el dinero con los cuatro elementos.
- Para deshacerse de una factura injusta, ate nueve plumas negras en una cuerda de látigo negro o hilo. Enróllele una copia de la factura alrededor, dóblelo tres veces y entiérrelo en su propiedad.
- Siempre que se cambie de ropa, visualice la pobreza abandonándolo. Contrariamente, mientras se viste, visualice abundancia positiva que llega a usted.
- Agregue un poco de angélica al agua de su lavadora para eliminar la pobreza de su familia.
- Si usted es jugador de golf, le fascinará esto (mi esposo lo practica): cuando golpee las bolas visualice la pobreza volando sobre la hierba y saliendo de su vida.
- Si alguien lo está acusando por dinero que no debe o está siendo injusto con su pago (esto sucede), escriba el nombre de esa persona en el sobre. Rocié ortiga, pimienta roja, pimienta negra, dulcamara de jardín y tierra de cementerio (puede remplazar pachulí por tierra de cementerio). Séllelo. Entiérrelo en su propiedad o quémelo afuera en el fuego.
- Cruce dos agujas grandes debajo de su alfombrilla frontal para alejar a los cobradores.

Emergencias generales

Mi esposo y yo trabajamos fuertemente para lograr un equilibrio en nuestros asuntos financieros. Cuando yo trabajaba en fines de prosperidad, él trabajaba en propósito de ahorro –y lo hacía muy bien–. Cuando hubimos resuelto nuestras deudas, él había ahorrado mil dólares. Luego, una gran cantidad de emergencias nos golpeó, absorbiendo ese dinero como algodón de dulce en una tormenta de verano. Éstos son los tiempos más difíciles en la magia de la prosperidad: cuando usted piensa que el equilibrio para el cual ha trabajado tanto se escapa de sus dedos y lo deja impávido mirando el hueco negro que produjo una parte dañada del horno, el nuevo sistema de frenos de su auto, la cuenta dental por el diente infectado de su esposo, el incremento en las cuentas de los servicios y la avería de la aspiradora. No se rinda. Las emergencias son parte del vivir. El pánico no es una opción. Aquí hay un plan de acción para las emergencias.

- Realice un hechizo de eliminación para quitar toda negatividad. No importa en qué fase lunar está o qué día es, una emergencia es una emergencia.
- Continúe cualquier trabajo de eliminación o abundancia.
- Ni ceda ni se rinda.
- Cubra la base de una vela roja con miel. Enróllela con decoraciones doradas. Quémela para que rompa cualquier barrera en su vida y caliente las energías muertas.

Use la vela para que atraiga prosperidad en general hacia usted. Si la situación es grave, inscriba el símbolo de Marte ($\male$) en su vela.

- Cubra la base de una vela morada con miel. Enróllela con decoraciones plateadas. Quémela mientras se centra en la cantidad específica de dinero que necesita para cubrir el gasto de emergencia.

- Tome por lo menos un baño o ducha ritual para purificar su cuerpo de cualquier negatividad, usando media taza de jugo de limón.

- Purifique su casa quemando artemisa todos los días hasta que la emergencia se haya resuelto. (Éste es el favorito de mi marido).

Epílogo

Algunas veces la parte más difícil de un hechizo es escoger cuál hacer y qué correspondencias deberían ser incluidas. Cuando alguien revisa un libro de hechizos para encontrar uno particular, con frecuencia revisa el nombre del hechizo para ver si ese nombre se adapta a las circunstancias. Éste no es necesariamente el caso. Aquí hay unos consejos útiles:

- Escoja la descripción que más se parezca a su necesidad.
- Revise la fase de la Luna que determina si usted debe concentrarse en desterrar o manifestarse. Recuerde que, sin importar la fase de la Luna, siempre puede desterrar en un sábado o puede manifestarse en los otros días utilizando lo «mágico» del día y una hora planetaria apropiada si tiene una emergencia. Añada esta cláusula a su hechizo: «**Que todas las correspondencias sean correctas para este trabajo**». (escrito original de Laurie Cabot.)
- Puede alargar la fraseología de cualquier hechizo de acuerdo a sus necesidades.

- No necesita toneladas de cosas para realizar un hechizo. Si no puede encontrar un ingrediente, entonces sustitúyalo con algo que sea muy parecido al ingrediente original. Tenga a mano *la Enciclopedia de las hierbas mágicas,* por Scott Cunningham, (Llewellyn, 1999), sobre sustitutos herbales.
- No tema investigar.
- Si está preocupado acerca de los resultados de un hechizo, puede agregar esta cláusula: **«Que este hechizo no se invierta o se vaya en contra mía».** (Escrito original de Sybil Leek).

No hay un día que pase sin que piense en usted, amigo lector. Cada palabra que escribo, cada seminario que realizo, en cada ritual que ejecuto, siempre pienso en lo que usted está haciendo y espero que mi trabajo continúe para ayudarle en su camino espiritual. Aunque este libro es corto, pienso que hemos cubierto una gran parte del positivo campo de la magia. Recuerde trabajar en la manifestación y en el destierro mágico cuando ejecute un acto de magia para la prosperidad total. Una vez sus finanzas se solucionen y esté experimentando abundancia, siga trabajando para mejorar su estilo de vida. No se detenga si todas las cosas le están saliendo bien en estos momentos. ¡Siga adelante!

Para estar actualizado con mis futuros proyectos, consulte mi dirección en Internet: **http://www.silverravenwolf.com.** Allí encontrará información sobre mi itineraio de viajes, libros y muchos consejos prácticos.

Estas paginas, diez en total, se actualizan una vez al mes con nuevos hechizos, rituales e información general. ¡Les deseo mucho amor y suerte para todos en sus futuras aventuras!

Silver RavenWolf

Apéndices

Apéndice 1:
Correspondencias mágicas del color

Utilice las listas de abajo cuando tenga dudas, pero no tome esta información como la última palabra sobre los colores mágicos.

Lista de los colores de las correspondencias mágicas

Color	Propósito
Negro	Retornar al remitente; adivinación; protección; trabajo negativo.
Negro-Azul	Orgullo lastimado; huesos rotos; protección angelical.
Morado oscuro	Para evocar el poder de los antepasados; sigilos; runas; gobierno.
Lavanda	Para invocar un espíritu virtuoso hacia sí mismo; favores para la gente.
Verde oscuro	Para invocar la diosa de la regeneración, agricultura y finanzas.

Color	Propósito
Verde menta	Para obtener ganancias (con oro y plata).
Verde	Curación o salud. Punto cardinal del Norte.
Verde aguacate	Comienzos.
Verde claro	Para que se mejore el clima.
Azul índigo	Para revelar secretos profundos; protección en los niveles astrales; defensas.
Azul oscuro	Para crear confusión (debe ser utilizado con blanco o se confundirá a sí mismo).
Azul rey	Poder y protección.
Azul claro/pálido	Protección para las casas; edificios y los jóvenes
Rojo rubí	Amor o ira de una naturaleza apasionada.
Rojo	Amor; atmósfera romántica; energía; punto cardinal del Sur.
Rojo claro	Afecto profundo de naturaleza no sexual.
Rosado profundo	Armonía y amistad en la casa.
Rosado	Armonía y amistad con las personas. Magia que vincula.
Rosado pálido	Amistad; jóvenes femeninas.
Amarillo	Curación, representa el punto cardinal del Este.
Oro profundo	Prosperidad; magia solar.
Oro	Atracción.
Oro pálido	Prosperidad en la salud.
Naranja encendido	Oportunidad.
Naranja	Ganancias materiales; sellar un hechizo; atracción.

Color	Propósito
Café oscuro	Invocar la tierra para beneficios.
Café	Paz en la casa; hierba mágica; amistad.
Café pálido	Beneficios materiales en la casa.
Plata	Dinero rápido; apuestas; invocar a la Luna; magia lunar.
Blanco opaco	Paz mental.
Blanco lila	Vela madre (debe quemarse durante 30 minutos en cada fase lunar).
Blanco	Justicia; pureza; utilizado como punto cardinal el Este. Magia de devoción.
Gris	Atracciones; encantos.

Utilice el blanco para sustituir cualquier color.

Colores para los días de la semana

Día	Color
Lunes	Blanco
Martes	Rojo
Miércoles	Morado
Jueves	Verde
Viernes	Azul
Sábado	Negro
Domingo	Amarillo

Apéndice 2: Símbolos astrológicos

Utilizado para tallar las velas.

Signo zodiacal	Símbolo	Significado
Aries	♈	Para iniciar un proyecto.
Tauro	♉	Para obtener y mantener el lujo.
Géminis	♊	Para crear cambios de comunicación.
Cáncer	♋	Para trabajar en emociones positivas.
Leo	♌	Para proteger sus pertenencias.
Virgo	♍	Para recordar los detalles.
Libra	♎	Para traer justicia.
Escorpión	♏	Para intensificar cualquier cosa.
Sagitario	♐	Para atraer el humor y las amistades.
Capricornio	♑	Para planear las finanzas de negocios.
Acuario	♒	Para traer cambios y libertad.
Piscis	♓	Para conectar con el mundo espiritual.

Significado de los planetas

Sol = Éxito.

Luna = Familia.

Venus = Amor y dinero en efectivo.

Saturno = Destierro o restricciones.

Marte = Para iniciar cualquier cosa.

Mercurio = Comunicación.

Júpiter = Expansión.

Apéndice 3: Horas planetarias[1]

La selección de un auspicio de tiempo para comenzar un trabajo mágico es de gran importancia. Cuando se comienza algo, su existencia toma las condiciones sobre las cuales comenzó.

Cada hora del día es regido por un planeta y ésta toma atribuciones del planeta. Notará que las horas planetarias no tienen Urano, Neptuno y Plutón, pues son considerados como los octavos mayores de Mercurio, Venus y Marte respectivamente. Por ejemplo, si algo es regido por Urano, usted puede utilizar la hora de Mercurio.

El único factor que necesita conocer para usar las horas planetarias es el tiempo de la salida y puesta del Sol para cualquier día, que se puede obtener en un periódico local. Nota: el amanecer y el atardecer del ejemplo variarán de acuerdo a la zona donde usted viva.

---

1. La información de la hora planetaria está resumida en *Llewellyn's 2000 Daily Planetary Guide*, páginas 184-185 (disponible en inglés únicamente).

Paso 1. Encuentre los momentos del amanecer y el atardecer, de su localidad, del día escogido en el periódico local. Nosotros utilizaremos 2 de enero de 1999 latitud 10 grados, como un ejemplo. El amanecer es a las 6 horas y 16 minutos (6:16 a. m.) y el atardecer a las 17 horas y 49 minutos (5:49 p. m.).

Paso 2. Sustraiga el tiempo del amanecer (6 horas 16 minutos) al del atardecer (17 horas 49 minutos) para obtener el número de horas astrológicas de luz del día. Por ejemplo, 6 horas y 16 minutos es igual a 376 minutos; 17 horas y 49 minutos es igual a 1069 minutos. Ahora sustraiga: 1069 minutos menos 376 minutos es igual a 693 minutos.

Paso 3. Luego deberá determinar cuántos minutos hay en una hora planetaria diurna del día escogido. Para hacerlo divida 693 minutos (el número de minutos de la hora divina) entre 12. La respuesta es 58, redondeado. En consecuencia la hora planetaria para el 2 de enero de 1999 a 10 grados de latitud tiene 58 minutos.

Paso 4. Ahora sabe que cada hora planetaria solar es de 58 minutos aproximadamente. También sabe que la salida del Sol es a las 6:16 a. m. Para el comienzo por cada hora planetaria sume 58 minutos al tiempo del amanecer para la primera hora planetaria, 58 minutos al número resultado para la segunda hora planetaria, etc. De esta forma, la primera hora de nuestro ejemplo es de 6:16 a. m. a 7:14 a. m.

La segunda hora es de 7:14 a. m. a 8:12 a. m. y así sucesivamente. Note que al redondear el número de minutos del amanecer, la última hora no termina exactamente con el atardecer. Es bueno que usted dé un pequeño «espacio» cuando utilice las horas planetarias. (También podrá saltarse el paso de redondear las horas).

Paso 5. Ahora, para determinar cuál signo rige la hora planetaria diurna consulte su calendario para determinar qué día de la semana es el 2 de enero. Encontrará que fue un sábado en 1999. Luego consulte la siguiente tabla para determinar la hora planetaria de la salida del Sol. En la columna vertical para el sábado encontrará que la primera hora está regida por Saturno, la segunda por Júpiter, y así sucesivamente.

Paso 6. Ahora que ha determinado las horas planetarias diurnas (de salida del Sol), utilicé la misma fórmula para las horas planetarias nocturnas (puesta del Sol), utilizando la puesta del Sol como el comienzo y la salida del siguiente día como su final. Cuando llegue al paso 5, consulte la tabla de puesta del Sol en lugar de la tabla de la salida del Sol.

Horas planetarias puesta del Sol

Hora	Domingo	Lunes	Martes	Miércoles	Jueves	Viernes	Sábado
1	Júpiter	Venus	Saturno	Sol	Luna	Marte	Mercurio
2	Marte	Mercurio	Júpiter	Venus	Saturno	Sol	Luna
3	Sol	Luna	Marte	Mercurio	Júpiter	Venus	Saturno
4	Venus	Saturno	Sol	Luna	Marte	Mercurio	Júpiter
5	Mercurio	Júpiter	Venus	Saturno	Sol	Luna	Marte
6	Luna	Marte	Mercurio	Júpiter	Venus	Saturno	Sol
7	Saturno	Sol	Luna	Marte	Mercurio	Júpiter	Venus
8	Júpiter	Venus	Saturno	Sol	Luna	Marte	Mercurio
9	Marte	Mercurio	Júpiter	Venus	Saturno	Sol	Luna
10	Sol	Luna	Marte	Mercurio	Júpiter	Venus	Saturno
11	Venus	Saturno	Sol	Luna	Marte	Mercurio	Júpiter
12	Mercurio	Júpiter	Venus	Saturno	Sol	Luna	Marte

Horas planetarias salida del Sol

Hora	Domingo	Lunes	Martes	Miércoles	Jueves	Viernes	Sábado
1	Sol	Luna	Marte	Mercurio	Júpiter	Venus	Saturno
2	Venus	Saturno	Sol	Luna	Marte	Mercurio	Júpiter
3	Mercurio	Júpiter	Venus	Saturno	Sol	Luna	Marte
4	Luna	Marte	Mercurio	Júpiter	Venus	Saturno	Sol
5	Saturno	Sol	Luna	Marte	Mercurio	Júpiter	Venus
6	Júpiter	Venus	Saturno	Sol	Luna	Marte	Mercurio
7	Marte	Mercurio	Júpiter	Venus	Saturno	Sol	Luna
8	Sol	Luna	Marte	Mercurio	Júpiter	Venus	Saturno
9	Venus	Saturno	Sol	Luna	Marte	Mercurio	Júpiter
10	Mercurio	Júpiter	Venus	Saturno	Sol	Luna	Marte
11	Luna	Marte	Mercurio	Júpiter	Venus	Saturno	Sol
12	Saturno	Sol	Luna	Marte	Mercurio	Júpiter	Venus

Apéndice 4: Fases de la Luna

Luna nueva

- La Luna está de 0 a 45 grados directamente al frente del Sol.
- La Luna sale al amanecer y se pone al atardecer. Para un uso completo de estas energías, tenga en cuenta este período de tiempo.
- La Luna aparece tres días y medio después de la luna nueva.
- Propósito: Comienzos.
- Beneficios: La belleza, la salud, autoperfeccionamiento, granjas y huertas, conseguir trabajo, amor y romance, comunicación y negocios creativos.
- Día festivo pagano: Solsticio de invierno (22 de diciembre).[1]

---

1. Debido al tiempo astrológico, los solsticios y equinoccios no son siempre en la misma fecha. Otros días festivos paganos diferirán dependiendo de la tradición practicada.

- Nombre de la diosa: Luna Rosemerta.
- Ofrenda: Leche y miel.
- Tema: Abundancia.
- Runa: Feoh para abundancia, Cen para oportunidades, Gyfu para el amor.
- Carta del tarot: El Loco.

Luna creciente

- La Luna está 45-90 grados adelante del Sol.
- La Luna sale a media mañana y se oculta después de la salida del Sol. Para un uso completo de estas energías, tenga en cuenta este período de tiempo.
- La Luna aparece de tres días y medio a siete días después de la luna nueva.
- Propósito: El movimiento de las cosas.
- Beneficios: Animales, negocios, cambios, emociones, fortaleza matriarcal.
- Día festivo pagano: Imbolc (2 de febrero).
- Nombre de diosa: Luna de Brigid.
- Energía de la diosa: Diosa del agua.
- Ofrenda: Velas.
- Tema: Manifestación.
- Runa: Birca para el comienzo; Ing para enfocar.
- Carta del tarot: El Mago.

Primer cuarto

- La Luna está entre 90 y 135 grados adelante del Sol.
- La Luna sale al medio día y se oculta a la media noche. Para un uso completo de estas energías, tenga en cuenta este período de tiempo.
- La Luna aparece de siete a diez días y medio después de la luna nueva.
- Beneficios: Coraje; magia elemental; amigos; suerte y motivación.
- Día festivo pagano: Equinoccio de primavera (21 de marzo).
- Nombre de la diosa: Luna de Persefona.
- Energía de la diosa: Diosa del aire.
- Ofrenda: Plumas.
- Tema: La suerte.
- Runa: Algiz para la suerte; Jura para el perfeccionamiento y Ur para la fuerza.
- Carta del tarot: La Fuerza o la Estrella.

Gibbous

- La Luna está 135-180 grados adelante del Sol.
- La Luna sale en la mitad de la tarde y se oculta a las 3 a. m. Para un uso de estas energías, tenga en cuenta este período de tiempo.
- La Luna aparece de diez días y medio a catorce días después de la luna nueva.

- Propósito: Detalles.
- Beneficios: Coraje, paciencia, paz, armonía.
- Día festivo pagano: Beltaine (1 de mayo).
- Nombre de la diosa: Luna de Nuit.
- Energía de la diosa: Diosa de las estrellas.
- Ofrendas: Cintas.
- Tema: Perfección.
- Runa: Asa para elocuencia; Wyn para éxito; Dag para la iluminación.
- Carta del tarot: El Mundo.

Luna llena

- La Luna está de 180-225 grados adelante del Sol.
- La Luna sale en la puesta del Sol, se oculta al amanecer. Para un uso de estas energías, tenga en cuenta este período de tiempo.
- La Luna aparece de catorce a diecisiete días y medio después de la luna nueva.
- Propósito: Terminar un proyecto.
- Beneficios: Labores artísticas, belleza, salud, renovación, cambio, decisiones, niños, competición, sueños, familias, conocimiento, negocios legales, amor, romance, dinero, motivación, protección, poder psíquico, autoperfeccionamiento.
- Día festivo pagano: Solsticio de verano (21 de junio).
- Nombre de la diosa: Luna de Sekhmet.
- Energía de la diosa: Diosa del fuego.

- Ofrenda: Flores.
- Tema: Poder.
- Runa: Sol.
- Carta del tarot: El Sol.

Diseminación

- La Luna está 225-270 grados adelante del Sol.
- La Luna sale a mitad de la noche y se oculta a mitad de la mañana. Para un uso completo de estas energías, tenga en cuenta este período de tiempo.
- La Luna aparece tres días y medio a siete días después de la luna nueva.
- Propósito: destrucción inicial.
- Beneficios: adicción, decisiones, divorcio, emociones, estrés, protección.
- Nombre de la diosa: Luna de Hécate.
- Energía de la diosa: Diosa de la Tierra.
- Día festivo pagano: Lammas (1 de agosto).
- Ofrenda: Cereales o arroz.
- Tema: Nueva valoración.
- Runa: Thorn para defensa y destrucción; Algiz para la protección.
- Carta del tarot: La Torre para la destrucción; la Esperanza para la protección.

Último cuarto

- La Luna está 270-315 grados adelante del Sol.
- La Luna sale a la medianoche y se oculta al mediodía. Para un uso de estas energías, tenga en cuenta este período de tiempo.
- La Luna sale de siete a diez días y medio después de la luna llena.
- Propósito: Destrucción absoluta.
- Beneficios: Adicciones, divorcio, finalización, salud y curación (eliminación), estrés, protección, ancestros.
- Día festivo pagano: Equinoccio de otoño (21 de septiembre).
- Nombre de la diosa: Luna de Morrigan.
- Energía de la diosa: Diosa de la cosecha.
- Ofrenda: Incienso.
- Tema: Eliminación.
- Runa: Hagal; Ken para eliminación; Nyd para cambios; Isa para comprometer.
- Carta del tarot: El Juicio.

Balsámico (luna nueva)

- La Luna está 315-360 grados lejos del Sol.
- La Luna sale a las 3 a. m. y se oculta a mitad de la tarde. Para un uso de estas energías, tenga en cuenta este período de tiempo.

- La Luna sale de diez días y medio a catorce después de la Luna llena.
- Propósito: Descanso.
- Beneficios: Adicciones, cambio, divorcio, enemigos, justicia, obstáculos, riñas, eliminaciones, separaciones, acabar con robos y hurtos.
- Día festivo pagano: Samhain (31 de octubre).
- Nombre de la diosa: Luna de Kali.
- Energía de la diosa: Diosa de la oscuridad.
- Ofrenda: Honestidad.
- Tema: Justicia.
- Runa: Tyr para la justicia; Ken para la eliminación.
- Carta del tarot: La Justicia.

Bibliografía

Biographical Dictionary. Nueva York: Oxford University Press, 1993.

Beyerl, Paul. *A Compendium of Herbal Magick.* Custer, Wash: Phoenix Publishing, Inc., 1998.

Bunson, Matthew. *Angels A to Z–A Who's Who of the Heavenly Host.* Nueva York: Crown Trade Paperbacks, 1996.

Carlson, Richard. *Don't Worry, Make Money.* Hyperion, 1997.

Cunningham, Scott. *Cunningham's Encyclopedia of Magical Herbs.* St. Paul, Minesota: Llewellyn, 1992.

Cunningham, Scott and David Harrington. *The Magical Household.* St. Paul, Minesota: Llewellyn, 1983.

Dixon-Kennedy, Mike. *Celtic Myth & Legend, An A-Z of People and Places.* Londres, Inglaterra: Blandford Publishing, 1996.

Graves, Robert. *The White Goddess.* Nueva York: Farrar, Straus and Giroux, 1948, 1986.

González-Wippler, Migene. *Rituals and Spells of Santería.* Plainview, Nueva York: Original Publications, 1984.

——. *Santería: African Magic in Latin America.* Plainview, Nueva York: Original Publications, 1987.

Jones, Allison. *Larousse Dictionary of World Folklore.* Edimburgo, Inglaterra: Larousse, 1995.

Leach, Maria, ed. *Funk & Wagnall's Standard Dictionary of Folklore, Mythology, and Legend.* San Francisco: Harper SanFrancisco, 1972.

Lippman, Deborah and Paul Colin. *How to Make Amulets, Charms & Talismans: What They Mean and How to Use Them.* Philadelphia: J. B. Lippincott Company, 1979.

Mercatante, Anthony S. *Facts on File Encyclopedia of World Mythology and Legend.* Nueva York: Oxford, 1988.

Mundis, Jerrold. *How to Get Out of Debt, Stay Out of Debt & Live Prosperously.* Nueva York: Bantam, 1988.

Redmond, Layne. *When the Drummers Were Women.* Nueva York: Three Rivers Press, 1997.

Roman, Sanaya and Duane Packer. *Creating Money: Keys to Abundance.* H. J. Kramer, Inc., 1987.

Stokes, Gillian. *Becoming Prosperous: A Beginner's Guide.* Inglaterra: Hodder & Stoughton, 1997.

Valiente, Doreen. *An ABC of Witchcraft.* Custer, Washington: Phoenix, 1973.

Walker, Barbara. *The Woman's Dictionary of Symbols and Sacred Objects.* San Francisco: Harper Collins, 1988.

——. *The Woman's Encyclopedia of Myths and Secrets.* San Francisco: Harper SanFrancisco, 1983.

Acerca de la autora

«La mejor forma para que una persona mágica sea acepta-
da es dejar que las demás personas la conozcan –explica
Silver–. Una vez que hayan conocido sus valores y principios, las actitudes de los demás con respecto a los intereses
de su religión alternativa tienden a ser más positivas. Per-
mítales que lo conozcan por medio del trabajo que usted
realiza». Silver permanece de gira continuamente por Estados Unidos ofreciendo seminarios y conferencias sobre
religiones y prácticas mágicas y, se considera que ha conocido a más de quince mil individuos mágicos en los últimos cuatro años. Silver es la coordinadora principal del
Clan Black Forest Family, el cual incluye once congrega-
ciones en ocho estados.

Silver se ha dedicado durante los últimos quince años
de su vida a desarrollar e implementar cursos enfocados
espiritualmente para favorecer el mejoramiento del estilo
de vida individual, de una manera práctica.

Hechizos para la prosperidad es la condensación de uno
de sus cursos de entrenamiento.

Índice analítico

Índice general

La solución de muchas preocupaciones y problemas está al alcance de tu mano y en tu mismo hogar. Esta solución hace tiempo la conocían sólo las antiguas hechiceras, que dominaban los secretos de la naturaleza y sus energías, pero ahora, gracias a este libro, tú también podrás utilizar los hechizos y rituales más eficaces. Este pequeño manual es la herramienta perfecta para aprender a trabajar con las energías sutiles y la magia blanca. ¡Recupera tu poder y actúa activamente sobre tu destino!

Las *piedras* y los *cristales* tienen grandes propiedades energéticas que ayudan en la meditación, la sanación e incluso la magia debido a que liberan poderosas energías positivas. Este fabuloso libro, que regresa por tercera vez en una nueva versión gracias a la gran aceptación obtenida, revela las grandes cualidades del reino mineral y cómo éste puede beneficiar nuestra vida.

Se trata de una guía completa en la que la autora te revelará todo lo que necesitas saber acerca de las propiedades benéficas que pueden obtenerse del reino mineral.